书名题字　甘　晖

池田大作香峰子思想的新探索

和平对话家庭教育与和谐幸福

萧正洪　拜根兴　主编

社会科学文献出版社

SOCIAL SCIENCES ACADEMIC PRESS (CHINA)

池田大作先生与夫人池田香峰子

2007 年 10 月 6 日，房喻校长一行访问日本创价大学，
聘请日本创价学会名誉会长池田大作先生为陕西师范大学名誉教授

2010 年 8 月 27 日，日本创价学会青年代表团访问陕西师范大学，代表团长伊藤芳宣给房喻校长转送池田大作先生所写汉诗

2010 年 8 月 27 日，张建祥副校长陪同日本青年代表团熊泽由美子副团长一行，参观陕西师范大学池田大作香峰子研究中心

2010 年 4 月，江秀乐书记、贾二强院长、卢胜利主任、杨祖培部长、王蕾副处长一行访问日本创价大学，受到创价大学山本英夫校长的热烈欢迎

2008 年 9 月，陕西师范大学举办池田大作香峰子研究中心挂牌仪式，萧正洪副校长，历史文化学院贾二强院长，社科处马瑞映处长，国际交流处张凌云副处长出席

2013 年 3 月，萧正洪副校长一行出席台湾中国文化大学举办的池田大作和平思想国际论坛，中国文化大学张镜湖理事长、王吉林教授和萧副校长亲切见面

2008 年 11 月，萧正洪副校长一行参观创价大学校园为纪念已故周恩来总理而培植的"周樱"及其周边景观

2009 年 10 月，池田大作香峰子研究中心拜根兴、曹婷出席辽宁师范大学举办的池田大作思想国际学术研讨会，期间和中华文化促进会高占祥主席合影

2008 年 11 月，萧正洪副校长一行前往创价大学，授予池田香峰子夫人为陕西师范大学妇女文化博物馆名誉馆长

2012 年 12 月，台湾创价学会卢怡孝主任一行前来我校赠书，历史文化学院
贾二强院长、校图书馆于伦书记、国际交流处徐峰处长等出席赠书仪式

2008 年 10 月，拜根兴教授出席北京师范大学举办的池田大作
思想学术研讨会，会上与日本创价大学山本英夫校长、寺内宏友副校长合影

2011 年 10 月，拜根兴教授出席创价大学在北京举办的池田大作思想研究峰会

2010 年 8 月 27 日，日本创价学会青年代表团访问陕西师范大学，
陕西师范大学赠日本创价学会青年代表团"中日友谊，传承有我"锦旗

拜根兴教授出席台湾中国文化大学"池田大作和平思想研究国际论坛"研讨会

2010 年 8 月 27 日，日本创价学会青年代表团部分成员
参观陕西师范大学妇女文化博物馆

目录
Contents

I

"中日友好"最有资格的见证者(代序)

房　喻文

梁　山[*]译

一　中国人民的老朋友

2007 年 10 月 6 日，我非常荣幸地将我校名誉教授称号授予了创价学会创立者池田大作夫妇。关于名誉教授授予的通知，已于 2006 年 4 月份通知了日方代表，创价学会教育部的同仁们也趁着 2006 年夏天到西安访问之际，来到我校附属中学，与我校师生进行了深刻而广泛的交流。我这次作为校长，携陕西师范大学的一些教授来日访问，得偿所愿，在日方的热情款待下，甚感荣幸。

众所周知，作为思想家、哲学家、社会活动家的池田大作名誉会长在东方世界特别是在中国声名显赫、举足轻重。而名誉会长与中国四代领导人之间的深厚友谊也在中国广为流传。池田大作先生

---

[*] 房喻，陕西师范大学前校长；梁山，陕西师范大学外国语学院日语系本科毕业，获陕西师范大学历史文化学院中外关系史方向硕士学位，现为北京师范大学历史学院博士研究生。

之所以能得到中国人发自肺腑的尊敬与感谢，正是由于先生长期以来对中日友好的孜孜追求和不懈努力。

在我看来，池田先生如此值得尊敬，正应了一句名言——一位成功男性的背后，必然有一位伟大的女性。而温柔优雅的香峰子夫人正是池田先生的贤内助，她对池田先生的事业发达功不可没，授予站在先生背后长年默默支持奉献的夫人如此荣誉，也是题中之意，理所当然，而我个人也是备感荣幸。在与池田先生的会面以及授予仪式中，我感受颇深。日方人员同心协力所筹备的超乎我想象的盛大授予仪式，以及参加仪式的所有人所表现出的对先生的敬重，这一切，都让我颇受感动。

另外，池田先生的谢词也让我甚感敬佩，备受启发。先生长年以来对于中日友好一直不懈努力，并且坚持传递着自己的和平信念。可以这样说，先生才是"中日友好"最有资格的见证者与实践者，是我辈学习的榜样。

池田先生虽然在中国作为思想家、哲学家、社会活动家声名显赫，但就我个人而言，作为培养教师的师范大学校长，印象最深的就是作为教育者的池田先生。

授予仪式会场热闹非凡，不仅有来自四十多个国家的留学生参加，而且日本各界人士也都踊跃参与，大家不论年龄与国界，对先生的演说都有那种发自内心的感动与欢喜，这样的人物是绝无仅有的。

池田先生接下来还一边欣慰于学生们的茁壮成长，鼓励他们继续努力进步，一边亲切地询问学生们英语能力如何。先生甚至亲自指名数位会场的学生要求他们用英语对话，以此来检验他们的英语水平，并且语重心长地鼓励学生们继续努力，激励老师们更好地做好本职工作。

池田先生的这些举动使我不仅在表面上，而且在内心深处与之产生了共鸣，引发我的深思。池田先生数十年孜孜追求世界和平这一理念，在这过程中，先生痛感具有国际理想且适应全球化人才的缺失，因而他极力培养具有国际理想的人才，力倡当今国际用语——英语是不可或缺的工具。孩子们如果掌握了这一工具，他们实现世界和平的力量也会有所增加。我个人认为，先生在仪式现场对师生们的激励，其深处正蕴含着先生渴望世界和平的信念。

前些天我有幸参观了池田先生设立的东京富士美术馆和民主音乐协会，感受到先生在发展文化事业方面也有很深的信念。

最近，我拜读了有关池田先生与罗马俱乐部创立者奥锐里欧·贝怡的对话录（《二十一世纪的警钟》），对两位先生关于"人间革命"这一话题的讨论尤其感兴趣，并且反复琢磨其中意味。"所谓人间革命、人间主义，正是强调个人的主观能动性，世界和平的实现也是从个人做起的。"

而先生的答谢词看似简明易懂却内藏深意，让人佩服不已。此外，先生对和平主义的孜孜追求，更是让我辈佩服，我也希望可以为此略尽绵薄之力。

仪式当晚，我心情激动不已，随即写与池田先生书信一封："对我来说，中国人民以拥有池田先生这样伟大的国际友人而骄傲，日本民族也因池田先生而更加伟大。"

二 践行池田思想

我们有责任成为社会的模范。可遗憾的是，由于教育上的缺失，当今年轻人之中，可以看作拥有强大人格的却寥寥无几，这对中日两国来讲都是一大问题。比方说，当代年轻人对于家庭责任的漠视与逃避，更进一步讲，对社会甚至是对人类全体的漠视与逃避。

可是，池田先生并未放弃，先生坚持不懈的努力与感化，对很多年轻人产生了很积极的影响，使之正视责任，不再逃避。我在访问创价学园的各类学校时，目睹了彬彬有礼的学生、热心教学的教师，这一切都让我感慨颇深。

我了解到池田先生一直致力于向年轻人灌输"人生而为人，乐于助人，心存爱人"的理念，这一理念正好与我国"君子贵人而贱己，先人而后己"的传统美德不谋而合。

我校校训"厚德、积学、励志、敦行"，其中"厚德"强调以德育人，强调以人为本、以德为尚；"积学"一词的基本含义则是"积累学问"，所谓"积学以储宝，酌理以富才"；"励志"，就是要胸怀大志，放眼世界，不仅要励志青云，奋志求新，而且要砥砺意志，坚韧不拔；所谓"敦行"，就是要勉力去做，强调要重视动手能力："博闻强识而让，敦善行而不怠，谓之君子"。可以看出，我校的教育理念与池田先生的教育思想正是英雄所见略同。

另外，我还希望与池田先生所设立的创价学园有进一步的交流。我校虽然是培养教师的师范类大学，但同时还拥有附属小学、附属初中、附属高中等教学单位。在此，我特别希望我们的附属学校可以与创价学园有某种程度的交流与合作，这将是我校的光荣。

掌握教育，引导人性，完善人品，陶冶人格，从而实现生命的和谐与发展。池田先生不仅拥有完善的教育理论体系，还将它们付诸实践，对于我辈后学，重要的不只是学习池田思想，更重要的是将它实践开来，让它开花结果。

那么，为培养有责任心的一代，什么是不可欠缺的东西呢？温家宝总理曾提出"教育家办学"，这实际上就是讲要培养具有社会责任心的公民，就必须有充满社会责任心的教育者。

授予仪式上这方面也有所体现，比如，仪式中日本经济界重要人物的参与，这些人与学生们的接触是很重要的，他们对学生们的关注有利于孩子们的学习成长。

不可能所有人都成为教师，即使在大学学习教育学，也不一定能成为合格的教师。在我看来，中国也是如此，教师队伍虽然庞大，不称职者也不乏其人。如不能成为学生的榜样，那就不配成为教师，而池田先生却是榜样中的榜样，教育者之名当之无愧。如果有更多像池田先生一般的人物参与到教育事业中来，那么培养出富有责任感，拥有完善人格的年轻人也就指日可待了。

三 师徒：最好的学生变成了最好的老师

我从先生的言语中深刻感受到教师的真谛，并且受益匪浅，参与仪式的学生们想必也对先生的演讲印象深刻，这可以说是一生的幸事，会在以后的岁月中难以忘记。因此，虽然有些失礼，我还是非常希望先生能够亲自莅临我校，向我校学生传授经验。

作为我来讲，人生的第一份工作便是教师，虽然我的小学与中学教育受益于当时稳定的社会环境得以顺利完成，但不幸的是高中时代"文化大革命"爆发了，在那个混乱疯狂的时代，我的大学梦无可奈何地破碎了。迫于现实我不得不进入一所学校担任教师，我不仅要教小学五年级的学生，甚至还要教初中一、二年级，压力很大。幸运的是"文化大革命"终于结束了，这重新燃起了我的梦想，随即我考入了陕西师范大学化学系，毕业后来到英国进一步研究化学，可是我回国后还是选择了教师这个职业。而我选择教师这个职业，正是因为教师崇高而伟大，是人类灵魂的工程师。

个人的力量虽然微不足道，但只要言传身教培养出自己的衣钵，那么自己的理想与信念肯定能被更为广泛地传播。我认为池田先生也正因为如此才建立了创价大学，设立了创价学园。说起来，池田先生还一直向创价学会的会员们传播和平思想，并将之在社会上广泛传扬。池田先生居功甚伟。

教师也是如此，可以让学生更广泛地传播理想，通过教育，在人类社会的和平与发展上做出贡献。我坚信，我们要学习并更加了解通过教育对世界和平做出巨大贡献的池田先生与香峰子夫人。池田先生用"师徒"这一词语阐述了教育的重要性。如果师徒同心，协力合作，那么理想的实现也会事半功倍。

池田先生更是青出于蓝而胜于蓝，是一位在思想深度与广度上超越其师，继承老师遗志并将其发扬光大的天资卓著、成就非凡的好学生。先生不仅继承了创价学会初任会长牧口常三郎先生和继任会长户田城圣先生的思想与理念，并将其进一步发扬光大。我个人认为，正是池田先生超越了老师，青出于蓝而胜于蓝，才有了今天创价学会与创价大学的辉煌成就。

我想，一个人如果想要成为优秀教师的话，那么首先就应该先成为优秀的学生。池田先生正因为是户田先生最得意的门生，才会成为最好的老师。

最后，在我看来，当代的中日两国青年越来越相似，作为一名教育者我有些话想要传达给他们。

我希望年轻人凡事三思而后行，要多想。现在年轻人的通病就是只考虑眼前，目光短浅。我认为应该抵制这种现代性不良风潮。不论中国还是日本，都拥有很多传统美德，我想我们有必要首先从这些传统中去伪存真，去芜存菁，去粗取精，去繁就简，从而重铸道德，并使之发扬光大。

佛教在中国与在日本一样，同样有着传统信仰的土壤，而佛教教义中也有"诸恶莫作，众善奉行"，"善用其心，善待一切"的思想，主张先人后己。我真诚地希望我们可以保持"善"的美德并发扬光大。

我不仅愿为中日两国友好事业尽心竭力，还愿为世界和平事业尽心竭力，若人人如此，世界和平诚可期。

       译自〔日〕潮编辑部编著《世界知识人论池田大作Ⅲ》（日本潮出版社 2010 年 5 月版）。

池田香峰子夫人研究的背景
与微笑的魅力

——萧正洪副校长创价学会访谈录

曹 婷译

坐落在古都西安的陕西师范大学副校长萧正洪一行来日访问。他们此行是为给 SGI（国际创价学会）会长夫人池田香峰子授予妇女文化博物馆"名誉馆长"称号而来的。陕西师范大学妇女文化博物馆是中国目前唯一一所介绍女性历史、文化，研究女性学的博物馆。香峰子夫人被授予"名誉馆长"称号的意义非常重大。

一 让所有的女性都成为微笑的大使

在创价世界女性会馆（东京·信浓町），妇女部和女子部的代表们满面笑容地以热烈的掌声欢迎陕西师范大学副校长萧正洪、教授拜根兴一行的到来。随后举行了授予 SGI 会长夫人池田香峰子妇女文化博物馆"名誉馆长"称号的授予仪式。

众所周知，香峰子夫人被称为"微笑大使"。谈及这一点时，萧副校长如是说："我认为现在，微笑的力量比什么都重要。""我想说的是，女性能为其所在的社会、家庭带来和谐。香峰子夫人正是这种模范和闪耀光辉的女性。这是我们授予香峰子夫人名誉馆长称号的理由。"

与萧副校长的想法不谋而合，香峰子夫人在答谢词中说道："人并非因为没有遭遇苦难、烦恼而微笑。不论发生什么，一颗不服输的心都会绽放美丽的微笑。并且，我认为在这些微笑中闪烁着幸福的光芒，扩展着和平。"①

"迄今为止我听到过很多热情洋溢的答谢词，但是，听了香峰子夫人的谢词后产生的感动却是有生以来第一次。里面包含着夫人自己的理想、梦想以及期待，能够感受到香峰子夫人的心和信念。我想把夫人的谢词翻译成汉语，介绍给我校的全体学生和教职员工。让大家理解授予香峰子夫人名誉馆长称号具有多么深刻的意义。并且，我决心为了实现香峰子夫人的理想而努力。"

萧副校长继续说道："我认为将来希望成为居里夫人的人不会增加，希望成为南丁格尔的人也不会增加，而希望成为香峰子夫人的女性会增加。因为今后与成为在某一领域非常优秀的人相比，成为香峰子夫人那样深化人性，建设和平社会的人更加重要。"萧副校长神情肃穆。

二 身正不二

陕西师范大学于 2008 年 8 月成立了"池田大作池田香峰子研

---

① 引自《圣教新闻》2008 年 11 月 28 日。

究中心"，同行的拜根兴教授任所长。现在中国高校里有许多研究池田大作思想的机构，但是，在名称里冠以香峰子夫人姓名的机构只有这一家。

这一研究中心成立的背景是什么呢？

一言以蔽之，研究中心的成立缘于改革开放 30 多年中国经济快速发展过程中是不是遗忘了一些什么这一疑问。

"从另一方面来看，现在中国的发展是在破坏环境、牺牲他人的基础上实现的。这真的是我们所追求的发展吗？人和自然，甚至连人类自身的调和都无法实现的发展是正确的吗？答案不得不归于否定。"

那么，这个问题如何解决呢？据说萧副校长等人为了探索解决这一问题的方法研究了许多有识之士及思想家的思想。其中，池田思想为解决这一问题提供了明确方向和精神基础。

"为什么这么说呢？因为池田先生的思想基点从未离开过人。在不断追求个人幸福这一点上从未动摇过。这是我们考虑成立研究中心的主要理由。"

拜根兴教授说："池田先生在对话中超越了不同宗教、不同文化的差异，双方探讨问题，并朝着和平的方向发出自己的声音。"

接下来，萧副校长又说道："伴随着池田研究的深入，越发感到站在其身后的香峰子夫人之存在的重要性。"

"不对香峰子夫人进行研究就无法深入研究池田先生，同样，不深入研究池田先生也就无法研究香峰子夫人。我们形成了这种认识。"

因此，研究中心理所当然地被命名为"池田大作池田香峰子研究中心"。

三　用快乐和平的人格感染周围

研究香峰子夫人的文献非常少，因此，当中文版《香峰子抄》出版后，萧副校长立刻和妻子一起仔细地阅读了这部文献。读完后夫妻二人进行讨论，然后再继续阅读，如此反复进行了多次，也就是说夫妻二人开了一个读书会。

萧副校长说，中国许多学者对香峰子夫人的印象是：博学，谦虚，礼貌，温柔和优雅。

"确实，香峰子夫人在以上五个方面非常优秀。但是，具备以上五点美德的女性还有很多。看到如此众多的人尊敬香峰子夫人，我确信香峰子夫人内心深处存在着更加深邃的魅力。并且，在和妻子一起读书的过程中，我总结出了别人至今尚未提及的新的五点美德，那就是信仰，确信，坚强的意志，诚实和创造性这五点。"

如果将前面的五点称为"外在五点"的话，那么，萧副校长总结的五点可以称之为"内在五点"。

"我认为，看不到'内在五点'的话就不能全面客观地评价香峰子夫人。世界上有很多女性由于工作、事业的成功变得非常富有，也有很多女性年纪轻轻就获得了崇高的社会地位。但是我认为，香峰子夫人在为了实现自己的理想而不懈努力这一点上比任何女性都成功。她自身的存在及人格魅力卓尔不群。"

"最重要的不是地位，不是家庭主妇或企业家的身份，而是她的存在能给周围的人带来欢乐，能使大家和睦相处。不论是企业家还是家庭主妇，具有良好的协调能力，其存在能使周边的人际关系融洽，具有这样的人格是最重要的。而这一点在香峰子夫人身上得到了完美的体现。我的妻子也是一个爱微笑的人。她读了《香峰子抄》之后，脸上的微笑更多了。"

香峰子夫人的人格里有一种任何人都无法阻挡的力量。无论谁都会对她敞开心扉。萧副校长所说的"人格"指的正是香峰子夫人的"微笑魅力"。

"女性所面对的问题男性也同样面对，例如生命的尊严、人生的尊严是没有性别差异的。研究香峰子夫人并不只是为了女性，而是为了所有人。"萧副校长继续说道。

或许在不远的将来这些研究成果被翻译成日文，我们将有幸读到。

四 赋予现代佛教新的价值和内涵

据说萧副校长最初接触到池田思想大约是在 30 年前。还是大学生的时候，他第一次读到了中文版的池田大作与汤因比的对谈录。

据萧副校长说，他当时非常渴望了解池田 SGI 会长的思想，中文版译书一出来他就买。

"这次对谈反映出了池田先生的基本思想。读了这本书后，我对先生的思想产生了浓厚的兴趣。从那以后，先生的书一出版我就买来读。这些书中包含着池田先生的思想，阐述了其思考的过程，例如看池田先生的书时，常常急切地期待着下一页出现的内容，而这种期待从未落空过。'原来如此，确实是这样'，一边这样想着，一边想与更多的人分享这种感动。"

萧副校长还谈道，那时他就已经对"人"产生了疑问。人是什么？人生是什么？为了解开这些疑问，他开始对佛教产生兴趣，并积累了许多研究成果。

"我对佛教产生兴趣是因为我认为佛教里存在着真理，那些真理不断地创造出新的思想，因此，我对佛教的传播过程也产生了兴趣。我调查佛教在日本传播情况的时候，发现了创价学会的存在，并开始接触池田先生的思想。我在学习池田先生思想的过程中，逐步意识到池田先生的思想正是佛教真理的发展，他赋予了现代佛教新的价值和内涵。"

萧副校长现在依然非常关心佛教。据说他的电脑里储存着《大藏经》即释迦牟尼佛说经典。

"鸠摩罗什的《法华经》使得大乘佛教在中国也获得了广泛的传播。虽然现在并非每个中国人都是佛教徒，但是佛家思想的广泛渗透造就了许多精神高尚的人。从这个意义上来讲，我对佛教产生兴趣是很自然的事情。"

萧副校长认为，提高精神修养，即获得"佛性"最重要的是做到"守正"和"谦和"两点。"守正"就是要人们用正确的眼光来看待事物，"谦和"则要求人们充满爱心保持协调。

"人只有时常保持正确的看法，时常对他人充满爱心，才能达到'佛性'，即一般所说的崇高境界。重要的是能否坚守自己心中的理念和信念。正是因为我觉得池田先生和香峰子夫人兼备了这两种德行，所以才对二人的思想产生了深厚的兴趣。"萧副校长如是说。

萧副校长在这次访日过程中有一个令他非常吃惊的重大发现。那就是他第一次知道了创价学会的第一任会长是牧口常三郎先生。

萧副校长的专业是历史地理学。站在"人"的视点上关注地理，运用这一方法取得的研究成果使萧副校长在农业地理学和农学史领域获得了极高的评价。

萧副校长在创建自己独特的研究方法时受到了牧口常三郎先生的著作《人生地理学》（1903年出版）的巨大影响。这本书是他读研究生时在图书馆偶然发现的，独特新颖的观点立即吸引了他。

萧副校长说："地理学是以德国为中心发展起来的。但是，德国的地理学是以土地的地形、农作物的种类和矿物等'物质'研究为中心的学科。相比之下，牧口先生的以'人'为本的地理学理念成为主流。"

五　尊重女性的社会才是和平的社会

牧口常三郎先生在其最初的著作《人生地理学》出版的时候曾经在弘文学院教授过中国留学生。这些讲座完全改变了他们的世界观。之后归国的几位留学生将这本书翻译成了汉语，萧副校长在图书馆看到的正是其中的一册。

这次萧副校长知道了他一直敬仰的牧口常三郎先生和池田SGI会长是历经三代的师徒关系。

"我明白了池田先生强调人的调和，提倡人本主义的出发点。池田先生的思想像河流一样拥有自己的源头，而且他的思想亦将不断地发展下去。"萧副校长感叹道。

萧副校长毫不掩饰自己对这个偶然巧合的惊讶。他说，为什么这种思想的发展能够延绵不断呢？那是因为池田思想是一种付诸行动的终极和平思想的缘故。

"自由、民主、平等可以通过制度来规定和保障，但是和平，无论政治家如何提倡也无法获得保障。这一点通过思考战争和对话就可以明白。战争是一种暴力，对话也能够成为一种暴力。比如，在一个家庭里即便双方不动手，漠视对方也是一种暴力行为。池田先生和香峰子夫人正是在宣传包括这种对话暴力在内的人与人、社会与社会之间的相互理解，相互信赖的重要性。

正如二人经常提到的，要时常为了他人而行动。这种想法里没有丝毫产生暴力的要素，只会促使现实世界朝着和平的方向发展。这样的话，男人虽然难以成为像池田先生那样伟大的思想家，但是都能成为像池田先生那样尊重女性的人。如果社会真的能变成这样的话，那将是一个多么美好的社会啊！这样的社会才是真正的和平社会。"

诚如斯言，香峰子夫人并不只是站在 SGI 会长的背后默默地支持他，一有机会她就鼓励众多的朋友，为他们送去祝福。她正在和自己的丈夫齐心协力地大踏步前行。

据说，萧副校长并没有见过 SGI 会长和香峰子夫人。他通过阅读数量不多的文献，追寻二人行动的足迹，充分地理解了他们的思想和人格本质。这一切都归功于萧副校长敏锐的直觉和深刻的洞察力。

年轻时池田 SGI 会长发誓"佛法西还"，他的夙愿正在以这种形式得到实现，这不由得使人欢欣雀跃。

"今后要让一些专业方向的研究生系统全面地学习、探讨池田思想和香峰子夫人的美德。并且，池田大作池田香峰子研究中心将积极地为大学生举办相关讲座。"萧副校长平静地说。

译自〔日〕鸟饲新市编著《世界知识人论池田大作Ⅱ》

（日本潮出版社 2010 年 4 月版）

大师大德总关情：池田大作先生印象

张建成*

池田大作先生是日本著名的佛学家、教育家、作家，知名的和平运动家，国际创价学会会长，创立日本创价大学、美国创价大学、波士顿二十一世纪中心、东洋哲学研究所和户田纪念和平研究所等，与世界各国众多政治家和知名学者对话，积极推进和平、文化教育运动，曾获联合国和平奖以及世界许多城市的名誉市民、"世界桂冠诗人"、世界多所著名大学名誉教授称号。

凡是了解中日友好关系历史进程的人，无不知道池田大作先生之盛名。凡是中国学校与日本教育界进行文化学术交流之盛举，无不涉及日本创价大学及其创始人池田大作先生。因此，当我踏入学校国际交流部门，受命准备加强与日本学校的交流合作之时，池田大作就是我心目中的一个偶像，一颗高不可及的明星，一个让人跨越时空而崇敬的大师。有机会访问创价大学，如能更有幸面见池田大作先生，就成了我一个美丽的梦想。

---

* 张建成，陕西师范大学国际汉学院院长。

机会终于来了。

2007 年 10 月，为了加强陕西师范大学与日本创价大学的交流合作，陕西师大访日代表团在房喻校长率领下东渡访日，与创价大学签订两校合作协议，并向池田大作先生和夫人池田香峰子女士颁发名誉教授证书。

两校签约仪式在位于东京八王子市的创价大学本部隆重举行。从踏入校门那刻起，就让人沉浸在中日友好的浓浓氛围中。从欢迎标语到欢迎队伍，从"周樱"到"周夫妇樱"，创价大学及池田大作先生对中国客人的热情与友情扑面而来、芳香动人。特别是在校本部大楼一层大厅，看到了池田先生的塑像，看到了世界多位政要与先生的合影，看到了创价大学与世界著名大学建立关系的图表，以及授予池田先生名誉教授的大学名单，池田大作对世界文化教育及和平运动的贡献一下子变得清晰明了，一个高大威严的形象顿时呈现在眼前。我数了数先生所获的名誉教授称号共有 199 个，今天，陕西师范大学授予的名誉教授称号正好是第 200 个。200 个！（编者按：依据现有史料，应该是 220 个。这里话述可能有误）多么整齐、吉祥，多么圆满、易记！这是历史给予池田大作先生的荣誉，当然也是历史给予陕西师范大学的无限荣光。

创价大学校长山本英夫先生代表池田大作先生欢迎房喻校长一行来访，祝贺两校签署交流合作协议，并授予房喻校长"创价大学杰出贡献奖"。由此两校的交流与合作正式拉开帷幕。

接下来就是见到池田大作先生的重要时刻。

创价大学非常重视我校授予池田先生名誉教授一事，在学校的大礼堂举行了隆重的授予仪式。

池田大作及夫人池田香峰子在礼堂主席台口迎接我校代表团一

行。当我们登上主席台时，全场 5000 多名师生掌声雷动，每个人脸上都洋溢着热情友好。终于见到了崇敬的池田大作先生，深处这欢呼的海洋，我似乎有了一种在北京天安门广场的感觉。这种发自内心的激动，体现了日本师生对池田大作先生的无比崇敬，也热情地表达出对来自远方的中国客人的真挚情感。

在我校房喻校长致辞后，池田大作先生发表了长篇讲话。讲话内容主要有以下几点。

一 中日一定要友好

池田大作先生认为，陕西师范大学授予他和夫人名誉教授称号是一种鼓励，是中日两国人民友好长河中的一朵浪花，是我们两校师生为历史所做的一件力所能及的事情，在座的师生一定要从这个角度认识这个事情的严肃和重要性。

"中日为什么友好，日本侵略中国的历史怎么认识？"池田大作先生从自己家族的命运，从自己哥哥在中国战场上的经历，做了认真的反思，从大量事实数据中，指出了日本侵华的实质和给两国人民带来的灾难。我看着池田大作先生坚毅的目光，听着他充满悲情的话语，尽管耳机传出来的是同声翻译的汉语，但池田大作先生的日语我似乎也已经听懂，池田先生的表情语言已告诉了我们一切。如果不是亲耳聆听，我不敢相信这是一个日本老人的心声，一个日本公众人物对本国政府的批评。这是一个德高望重的知名政治家对那段黑暗历史的真实评价。

在对那场战争进行反思后，池田先生讲述了他几十年为之不懈奋斗的中日友好交流。特别是讲到从 1968 年起由他开创的中日民间交流的艰难历程，特别是讲到他三次见到中国周恩来总理的感人情景，并由此在创价大学校园里栽种纪念周恩来总理的"周樱"的故事。整个大会堂鸦雀无声，台上台下的人无不动情，有的日本学生脸上挂满了激动的泪水。这哪里是讲故事呀！这是一个曾经热血沸腾的日本青年对人类真善美的叙怀，是一个伟大成熟的政治家对中国政治家的高度评价。在这种真诚的讲述中，意识形态的差异不见了，中日关系中的现实分歧被淡忘了，人类的良知被唤醒，国际政治学中的那些"利益原则"也悄然退居人性之后。从这位日本老人的娓娓讲述中，我又增进了对已故周恩来总理人格魅力的认识，并被民间外交迸发出的强大力量所震撼。正是因为有了池田大作先生这样一批日本人，"日本人民"和"日本政府"的不同概念，从来没有像今天这样清晰。由池田大作先生创立的日本公明党，在日本政坛也是一个颇有影响的党派，在外交政策上致力于中日友好和平。有理由相信，日本公明党的政治立场将是中日关系中最有力的推手之一。日本右翼势力的种种倒行逆施政策不会得到所有日本人的支持，历史终将会由公正的历史证明。

二 外语一定要重视

讲过了中日关系后，池田先生话锋一转，对台下 5000 名日本师生提出了希望。他讲到当今世界正进入全球化时代，日本要同国际接轨，日本的大学生要和国际交流，要同中国大学生交流，要通过与外边世界的接触，开阔自己的视野，提高自己的国际交往能力。因此，大学生们一定要学会外语，特别是英语。

池田先生停下讲话，面对台下突然问道："你们的英语好吗?"

台下回答说好的、说不好的都有。池田先生用手指了指坐在台下第四排的一个女生说："你用英语介绍一下自己和所学专业。"这个女生红着脸，略带紧张地用英语回答了池田先生的问题。客观地说回答的一般，连池田先生也不太满意。他大声地说："你们的英语课是怎么上的？你们的英语老师是怎么教的？"台下一片寂静，许多人表情很是紧张。接着池田先生又问道："今天有没有英语老师来？来的请站起来。"紧接着台上台下站起来十几位老师模样的人，池田先生严厉地说道："学生的水平反映了你们的水平，你们必须下决心，拿出一个计划迅速提高创价大学学生的外语水平，能不能做到？"那十几个人齐声答道："能做到！"听到这样的回答，池田大作先生的表情才缓和过来，又恢复到他慈祥的表情。

我们身处现场，听到池田先生对外语学习的重视，也深受教育。一个著名的教育家对外语的重视是再自然不过的，但一个政治家在这种场合，又当着外国人的面批评日本学生和老师，则使我们很受震撼、感叹颇多。一个真实的池田大作，一个教育家的池田大作不是谁能简单地宣传出来的。他的思想、眼光、胸怀使我们不禁自省与自责。我们的外语怎么样？我们的外语教学如何适应国际化的需要？

三　交流一定要对话

池田大作先生既是一个伟大的人，也是一个平凡普通的人。他在与世界政要、著名专家学者，或是与普通公民相处时，总是体现出一位老人的慈祥，一位学者的睿智，以及朋友般的亲切，家长般的温暖，其中最大特点是用平等和对话的方式，展示出他独特的为政、为学、为人、为友之道。

　　说到这里，我们一定会想到池田大作先生的系列著作均是以对话的形式呈现，如我们所熟知的《展望二十一世纪——汤因比与池田大作对谈集》，《畅谈世界哲学——钱德拉与池田大作对谈录》，《迈向人道世纪：谈甘地与印度的哲学》，《联结地球的文化力——高占祥与池田大作对话录》，《20世纪的精神教训——戈尔巴乔夫与池田大作对话录》，《人生问答——与松下幸之助对话》，《探求一个灿烂的世纪》等数十本对话谈论集。透过这些对话，池田大作与诸多伟人及学者，娓娓道来般阐释对世界诸多问题的看法，平等探讨人类的过去与未来，心平气和地商量着化解人类危机的办法，语重心长地对青年人提出重托与希望。

　　就在我们见面时，池田大作先生亲切地与我们每个人握手致意，问寒问暖。当我讲到我曾经拜读《展望二十一世纪——汤因比与池田大作对谈集》的体会时，他非常高兴地问："哪一年读的？"我说："1986年。"他说："我的书中文版是1985年11月在北京出版的，你读得好快啊！"接着说道，"有什么不妥的地方吗？可以告诉我。"我赶紧回答说："我至今还在领悟先生的超级思想。"在与代表团合影后，池田大作先生送给我们每人的礼物是一个小型数码照相机。他说："第一次来日本，多看看，多拍拍，这样你们就会加深对日本的印象，加深对日本老百姓的印象，人民之间的了解可以促进两国政体交流。"说着还拍拍我的肩头。

　　那一刻，我突然感觉到肩头好沉重，心里很温暖，一种力量在胸中上升。池田大作先生非常繁忙，一般情况下客人不会和他有多少说话的机会。但善于对话的先生，又和我们进行了一场别开生面的对话，一位长者与晚辈的对话，一位老师与学生的对话，感动之余，感慨良多。后来日本创价学会电视台来西安采访我时，面对镜头，我把上述体会告诉了日本记者，不知池田大作先生有没有看过这档电视节目，但他那超脱凡俗、令人肃然起敬的为人风格，由对话产生的无限魅力已被深深地铭记在我的心里，影响着我毕生的为人处世和教书育人。

那次日本之行后，转眼七年已过，其间我非常关注国内外媒体上有关池田大作先生的信息。此后国内外又有多所大学授予先生及夫人名誉教授称号。可能是先生年事已高，身体不便的原因，池田大作先生已很少出席这方面的公开活动了。陕西师范大学有幸，我也有幸！我们与先生的见面与交谈，时间虽然很短，但也是弥足珍贵，印象永恒了！不管中日关系怎样地不尽如人意，池田大作先生对中日友好的丰功伟绩将永远那样高大悠长，池田大作先生的大师大德风范将永远激励和鼓舞着我辈和后辈的亿万青年！

池田大作儿童教育理念解析

拜根兴[*]

前　言

　　池田大作先生是日本著名宗教思想家、教育家，闻名世界的社会活动家。他长期担任日本创价学会会长，现任国际创价学会会长，日本创价学会名誉会长。池田先生创立了包括幼儿园、小学、中学、大学的创价教育体系，总结出独特的教育教学方法。同时，他在与世界知名人士的对话中，谈到家庭、社会对儿童成长的影响，谈到如何保护儿童天性，如何发掘儿童蕴藏的潜力等问题，对儿童教育涉及的方方面面提出了精辟的看法。关于这一问题，刘琨辉、蒋菊、井上比吕子、乔丽梅等先生的论著中已有所涉及[①]，本

---

　　[*]　拜根兴，陕西师范大学历史文化学院教授。

　　[①]　有关池田大作儿童教育、家庭教育方面的研究论作，见于期刊及论文集的有刘琨辉：《池田大作家庭教育理念探讨》，《池田大作思想研究论文集》创刊号，中国文化大学，2005；蒋菊：《池田大作的儿童家庭教育观与中国古典家教之渊源探微》《中外学者论池田大作：和谐社会与和谐世界》，（转下页注）

文即在此研究的基础上，对池田大作的儿童教育论述试作解析，并就教于诸师友方家。

一　家庭教育的重要性

家庭是社会的细胞，孩子是国家的未来，儿童教育历来都是人们关注的重要议题。在谈及家庭教育与学校教育的关系时，池田大作先生认为："家庭教育中，一方面固然要把重心放在'情'与'意'上，同时恐怕还应当为人的全面发展教育进行不懈努力。如果是这样，那就可以认为，家庭教育是人的教育的基础，在这一基础上，学校教育才有可能很好地开花结果。"[1] 他进一步说到，"家庭教育是教育的原点"，应当更加予以重视，这是因为"对于孩子们来说，家庭既是在学校或朋友们之间得不到的生命憩息的地方，又是培育最深刻人性的最高的教育场所"。[2]

良好的家庭氛围，是儿童家庭教育的重要环节。池田大作先生强调营造和谐、亲切的家庭氛围，以及良好的家庭氛围对儿童教育的重要性。作为父母，互敬互爱，处处严格要求自己，用自己的嘉言善行、积极进取，创造温馨向上的家庭气氛，让孩子感受到家庭

（接上页注①）华中师范大学出版社，2007，第316～322页；乔丽媛：《池田大作的童话的儿童教育观论析》，《肇庆学院学报》2007年第1期；井上比吕子：《池田大作的家庭观》《多元文化与世界和谐——池田大作思想研究》，人民出版社，2008，第360～369页。

① 池田大作、松下幸之助：《人生问答》，卞立强译，中国文联出版社，2009，第256页。

② 池田大作、松下幸之助：《人生问答》，卞立强译，中国文联出版社，2009，第260页。

的温暖及其不可替代性，领略父母崇高的品质，体会父母辛勤劳作的伟大。池田大作先生曾经说过"父母的身教确实是胜过言教"①，当孩子"看到父母一心热衷于某种事物的身影，孩子会自然地关心要从这样的身影中学到什么——这将成为家庭教育的根本"②。就是说，家庭教育中父母言行的榜样作用是十分重要的。家庭的和谐温馨、乐观向上、奋斗不息，对于孩子的感召和启发将是无可估量的，这也对孩子最初的人格形成具有重要启迪作用，当然，良好的学习、生活习惯也会因此形成。如果家庭缺乏应有的温暖和谐气氛，或者父亲脾气暴躁、动辄发火，对家庭成员实施家庭暴力，或者母亲喋喋不休，无端纠缠吵闹，甚至父母一方或两方吸毒犯罪，子女无人照管，抑或如 20 世纪 90 年代以来，由于国家经济的发展，大量农民工进城务工，我国农村出现所谓的"留守儿童"家庭，孩子和年迈的祖父母一起生活，造成孩子人格形成过程中难以挽回的损失③，一些父母离异④再

---

① 池田大作：《新女性抄》，卞立强译，上海财经大学出版社，2004，第 124 页。

② 池田大作：《孩子是"未来的宝贝"——教育箴言录》，卞立强译，中国文联出版社，2009。

③ 裴小梅：《"留守儿童"犯罪的社会干预——"留守儿童"犯罪引发的思考》，《河南师范大学学报》2008 年第 2 期。

④ 池田大作和里哈诺夫曾谈及"大人的坏榜样会成为孩子残酷性的根源"话题。参见池田大作、〔俄〕里哈诺夫：《孩子的世界》，卞立强、李力译，中国文联出版社，2009，第 106～107 页。池田香峰子夫人也提到日本夫妻离婚率增高问题，指出父母离异对儿童心理发展和社会的危害。"有的儿童，是因为父母的离婚而导致心灵的荒废。儿童心灵的荒废，一定会导致社会的荒废。我想，这责任在父母身上。"她强调，"离婚是父母随心所欲的行为，但却为难了孩子。而且，父母的离婚，会让孩子产生一种负罪的感受，认为自己是他们离婚的原因。从而又造成社会的恶性循环。为防止这种现象，一家人都必须用心地努力。"参见池田香峰子《香峰子抄》，作家出版社，2006，第 125 页。另见王永丽《父母离异对其子女的影响及教育对策》，《世界教育信息》2007 年第 5 期。

婚，个别的单亲家庭等，儿童生活在如此家庭中，可能就感受不到家庭的温暖和亲情，也可能只是部分地享受这些权利，儿童家庭教育就会因为家庭和谐氛围的缺失而出现问题，进而不利于儿童的健康成长。虽然我们不能因此就得出家庭良好氛围缺失就会导致儿童性格或者其他方面出现问题的结论，但我国一些地区儿童不负应试重压厌学生事，或者儿童犯罪率增高，如果了解其产生原因，不能不说和家庭教育及社会氛围的缺陷有关。

家庭教育中，母亲的身份和影响至关重要。中国古代有四大贤母，其中孟子母亲"择邻断杼"的故事千古流传。正是由于这些母亲用自己的言行品德，影响、温暖他们的孩子，才造就了享誉古今、泽被后世的伟大历史人物孟子、陶侃、欧阳修、岳飞。池田大作先生曾引用德国伟大的教育家福禄培尔的话说"孩子在 5 岁之前，会学完其一生应该学习的东西"，又引用拿破仑的论述"孩子的命运，常常是由其母亲造成的"①。池田大作自己认为："子女的健康成长和保持家庭的幸福取决于母亲是否贤惠，所以说妻子的品性贤淑，是一家人最大的幸福。如果家庭中发生了不愉快的事情，能够抚平裂痕的只有母亲的微笑，除此之外别无他法。"② 他还说道，"幼儿的心灵世界是非常纯洁的，往往会原封不动地接受母亲和周围大人们的言行。这种吸收力是非常惊人的，而且一旦形成刻印在心上的经验，它会成为理解事物的基准而被铭记下来。"③ 以

---

① 池田大作：《论幸福》，卞立强、张彩虹译，中国文联出版社，2009，第46页。

② 转引自贾蕙萱《池田香峰子——在平凡中闪烁着美丽的女性》，《池田大作研究论文集》，2004。

③ 池田大作、〔俄〕里哈诺夫：《孩子的世界》，卞立强、李力译，中国文联出版社，2009，第135页。

此强调母亲在家庭生活及儿童教育中的重要性。在与杜维明博士谈话过程中，池田大作先生一再推崇杜博士少儿时代良好的家庭氛围，了解到杜博士母亲对孩子"管教很严，但她是个心地善良的人。她不是用威压，而是通过鼓励，期待孩子们成长为具有责任感、对社会有用的人。而且她本人从小就期望成为中国首位女飞行员，后来又刻苦练习绘画，立志成为一个艺术家"时，赞叹她"是一位极富先驱性、有进取心的母亲"①。在与俄罗斯儿童文学家里哈诺夫对话时，强调家庭中的"温情"与"健康"，父母在儿童家庭教育中的地位，强调家庭教育与当时的社会背景、周围环境的影响密不可分。但无论如何，母亲在家庭教育中的主导地位是不容忽视的，孩子就是通过母亲的言行，从中体会到如何做人，如何做事。在这方面，池田香峰子夫人很好地履行了作为母亲的职责，成为悉心教育孩子成才，精心帮助丈夫事业取得成功的典范。香峰子夫人最能打动人的就是她那"微笑"。正如台湾中国文化大学林彩梅女士所说："香峰子夫人不仅是池田大作先生的细心护士、秘书，贤惠的娇妻，卓越的妇女领导者，而且在孩子的心中，她是一位伟大的母亲，凡事持有坚强、踏实与慈悲之心，以爱的教育，扮演良母益师，孩子的成长过程充满温暖母爱的高度关怀之幸福。"②显然，无论是中国古代四大贤母，还是现代我们崇敬的伟大女性们，她们在儿童家庭教育过程中的感召、融化，对儿童成长所产生

① 池田大作、〔美〕杜维明：《对话的文明——谈和平的希望哲学》，卞立强、张彩虹译，四川人民出版社，2007。

② 林彩梅：《21世纪现代女性的典范——香峰子》，中国文化大学池田大作思想研究中心编《池田大作思想研究论文集》（第2册），台北：2006，第121~128页。

的超乎寻常的影响，无疑是难以估量和不可替代的。

以享有独立人格的高度，平等地对待孩子。孩子自出生之日起，就逐渐形成自己区别于他人的人格情愫，作为家庭教育的实施者——父母，应该尊重儿童的独立性，平等地对待孩子，尊重孩子。池田大作先生认为："如果说青年时期是构筑人生的基础、骨骼的时期，那么，幼小时期可以说是形成更深层的、相当于其核心部分，即骨髓的时期，人性的本质层面是在这一时期形成的。①尊重孩子的人格，孩子就会学习对他人的尊重。在家庭中培养的是小的社会人。"②在这里，我们应当摒除以往津津乐道的家长作风，给孩子的人格发展留足驰骋的空间，不要把自己的意志强加给孩子，不要和周围的孩子攀比。另外，池田大作先生认为，"孩子并不是父母的延伸，而是新萌生的嫩芽"，即不要把自己没有实现的理想，或者非分理念转嫁给孩子，使孩子背负从家长那里继承的自己不情愿接受的额外重负。父母应该尽到自己应尽的责任，而这个责任就是因势利导，尊重孩子的童心，尊重孩子的选择，尊重孩子意志。与此相关联，池田大作先生还提到儿童家庭教育中父母的奖励（或表扬）原则、"管束"原则，以及祖母或外祖母在儿童家庭教育中的地位。无论如何，在宽松和谐、充满温情、积极向上的家庭环境中，父母多渠道、多途径正确引导，不仅能使儿童健康成长，而且能使父母与儿童在不同的轨道上共同取得进步，实现家庭教育的双赢。无疑，池田大作先生论述中的精髓就体现在这里。

---

① 池田大作：《论幸福》，卞立强、张彩虹译，中国文联出版社，2009，第32页。

② 池田大作：《人生箴言》，卞立强译，中国文联出版社，2009，第71页。

二 儿童教育面临的问题

应该说，学校教育是家庭教育的延伸和新的阶段，两者具有不可割裂的关系，担负着不同的教育重任①。儿童进入学校将要面对亲爱的老师、同年龄段的学友、童话般的学校生活，以及功课超乎寻常的吸引。当然，学校是秩序化、规律化、知识化教育体系的化身，是教给学生知识，培养学生的集体意识、友爱理念、尊师重教等的场所。池田大作先生在与世界知名人士对话过程中，多次提到儿童教育深受社会不良环境影响的事例，发人深省。

电视、网络等媒体的普及对儿童教育的影响。关于此问题，池田大作先生在与上述俄罗斯儿童文学家里哈诺夫对话中，专列"对生活在电视时代的孩子们的衷心期望"一章，显示出池田大作、里哈诺夫两位大师对电视强势进入儿童生活的担忧。他们指出"电视使人远离了读书，让我们看'已经造成'的故事，什么都在画面上反映出来，人们可以不必思考、想象了"，特别是孩子"正处在一个个人的成长过程中，摇篮边放着电视，就会把世界划一，让他看'已经造成'的现实，就会阻碍孩子的成长，结果孩子成为电视的牺牲品"。不仅如此，电视中播放的暴力、色情、低级庸

---

① 关于家庭教育与学校教育的关系，池田大作先生认为：学校教育把重点放在开发人的生命的智能上。而在家庭教育中，一方面固然要把重心放在"情"与"意"上，同时恐怕还应当为人的全面发展教育进行不懈的努力。如果是这样，那就可以认为，家庭教育是人的教育的基础，在这一基础上，学校教育才有可能很好地开花结果。参池田大作、松下幸之助《人生问答》，卞立强译，中国文联出版社，2009，第256页。

俗的节目，在孩子幼小的心灵中投下难以磨灭的阴影，"损害孩子们内发的健全的现象力和审美意识"。孩子一动不动坐在电视机前，会导致体力的衰退和视力下降。池田大作先生认为对电视所造成的后果，"发出多么严重的警告也不为过"。上述两位先生对话于1995年，转眼十五个年头飞逝而过，科技进步衍生的新宠儿又迅猛登场，两位先生关注的电视对儿童的影响及危害，已为新的媒体形式——"网络"所替代。显而易见，网络的渗透力更强，网络游戏的杀伤力更大，网络造成的危害绝非电视所能比拟，儿童沉迷于网络，就等于身心残缺、前途暗淡以及噩梦的开始。现代儿童教育专家、儿童心理学家要解决的常常是网瘾、网恋、网络杀手等问题。对于网络给儿童造成的危害，儿童厌学及活力的下降，虽未见到池田大作先生的专门论述，但他谈及电视危害时提出了自己的看法。他认为，孩子的意志力、抵制诱惑的能力还没有完全养成，电视"入侵"式的介入，剥夺了儿童读书的时间，影响孩子的视力、行走能力和对知识的鉴赏咀嚼能力，如此"家庭和社会环境方面的应对和关心"就显得更加重要了；另外，池田大作推崇创价学会第一任会长牧口先生"半天学习，半天劳动"的半日学校制度，指出"我们要争取实现的教育，是能培养孩子们身心健全发育，幸福生活，开辟希望社会的力量的教育"①。到底如何看待科学技术进步对人类社会发展的影响，是"进步往往会堕落为退化"，物质的繁荣昭示着人类危机的来临，还是紧紧拥抱科技进步带来的方便，追逐最大限度的享受，这些问题引起的争论是长期

---

① 以上引文未注出者，均见池田大作、〔俄〕里哈诺夫：《孩子的世界》，卞立强、李力译，中国文联出版社，2009，第49~58页。

的，其结论也是仁者见仁、智者见智。对此，池田大作先生在与松下幸之助对话过程中，专列"对现代文明的反省"一章①，涉及关联的各种问题，阐述了各自的观点。对于儿童教育来说，池田大作先生的见解应当引起人们注意。

儿童间和平相处，反对以大欺小、以强欺弱的暴力行为。由于人自身与生俱来的缺陷，加之受社会上弱肉强食现象侵蚀，儿童中常常看到以大欺小的欺侮现象，造成很坏的影响。对此，池田大作认为，"欺侮人、作恶之类的冲动，本来是人的生命机能中天生具有的，要完全消除是不可能的。重要的是要陶冶自己的内心。换句话说，就是如何控制自己，不引发这种烈马似的阴暗的冲动"。正因如此，诸如儿童逃学、上课注意力不集中、家庭作业效率不高、学习成绩下降等问题，很大程度上都和欺负人或受人欺侮有关。如何解决此问题，他提出几种办法：其一，树立欺侮人者百分之百认识错误并承担责任的意识，以正压邪；其二，加强儿童自我教育，使之树立不尊重他人就不会得到尊重的意识；其三，提倡扶弱抑强，用正义的力量感化、教育施暴者；其四，大人和社会要承担起应承担的责任，提高自己的修养，杜绝自身的暴力倾向，因为孩子的行为很大程度上来自周围事物的潜移默化，"大人动辄就以上下贵贱的眼光来看人，不能平等地对待，这也会投影到孩子的身上。对弱者有优越感，傲慢自大，对强者卑躬屈膝，孩子如果也变成这样，那是很可怕的。培养对弱者的关怀，是教育的最大目的之一"②。当

---

① 池田大作、松下幸之助：《人生问答》，卞立强译，中国文联出版社，2009，第271～299页。

② 池田大作：《孩子是"未来的宝贝"——教育箴言录》，卞立强译，中国文联出版社，2009，第21～25页。

然，加强儿童间互助互爱、集体观念教育，也是解决此问题的重要途径之一。总之，学校教育中儿童间的暴力行为，不利于儿童的身心成长，应该引起父母、学校及全社会的重视。

对儿童创造力的摧残，应试教育的滥觞及其后果。池田大作先生认为："孩子好像是未加工的金刚石，但是，金刚石如不加磨研，也永远是未加工的金刚石。所有人都内含着这种'可能性'的美丽光辉。重要的是让他意识到这种光辉。"如何发掘儿童的这种创造性？首先，父母、老师有责任培育、开发孩子的这种潜能，激发他们的创造性。其次，相信每一个孩子都蕴藏着这种潜能，信任孩子，在大人的关怀下，让孩子在一定的环境下自由地发挥。不要带有歧视和偏见，不要打击孩子的积极性，用欣赏、赞许、鼓励的理念，让孩子尽情迸发出 21 世纪希望之火。再次，家长和老师要用耐心、勇气和爱，用自身发出的人性魅力的光辉，启发、熏陶儿童的创造力的发挥。那么，池田大作先生为什么会提出保护儿童创造力这个命题呢？这是因为日本国内将发掘、培育孩子创造力的事情"当作次要的，次次要的存在，觉得不知从什么时候开始孩子们脸上的笑容日益减少了，眼睛里日益失去光辉"①。虽然我们不能确切地了解日本在儿童教育中对其创造力漠视的具体事例，但池田先生把问题提了出来，而且找出了解决问题的一些看法，这应该引起我们注意。那么，当前我国学校教育的情况如何呢？是否也有值得检讨和改进的地方？就拿我们讳之莫深，但又高高飘扬的应试教育来说，虽然有关部门一再宣传加大儿童素质教育力度，但在

① 池田大作：《孩子是"未来的宝贝"——教育箴言录》，卞立强译，中国文联出版社，2009，第 36～49 页。

学校中考、高考杠杆的支配下，学生进入小学后，随即就被绑上应试教育的战车。幼小的孩子只有经受奥数的洗礼，才能被好的初中接受；进入初中后，又要经过每月的月考，应对中考的筛选；考上高中后，高考的指挥棒高高举起，学生在考试中挣扎，进入大学或者被淘汰。孩子创造力的萌发期，即从进入小学直到高中毕业长达十二年间，孩子们在疲惫挣扎中度过，被禁锢在应试教育的窠臼中，成为一大批"高分低能"缺乏后劲失去棱角的碌碌无为者。当然，在此体制下一些所谓"人才"也被选择出来，但他们本身具有的潜力并没有完全释放，被动接受不利于创造力的迸发。而对于绝大多数儿童来说，应试教育无异于身心摧残，储备在他们身上的各方面的创造力因此被扼杀，这种损失对于一个民族来说，简直难以用语言表达。如何保护、发掘儿童与生俱来的创造力？如何摒除不利于儿童创造力发挥的体制和做法？如何使儿童最大限度发挥他们的创造力？这是值得家长、学校、社会各界，特别是教育最高当局深刻反省的事情。

结　语

本稿对于池田大作先生有关儿童教育方面的论述做了一定的解析，涉及儿童家庭教育和儿童教育中存在的一些问题。当然，池田大作先生关于儿童教育方面的论断绝不止这些，他的儿童教育理念以及教育思想非常广博，其中儿童教育方面还应包括强调心灵的可贵，重视人格教育，奠定世界公民的基础①，以及家庭贫困导致失

---

① 参见上述刘琨辉《池田大作家庭教育理念探讨》论文。

学等，其中有些微言大义还需做深刻、全面的诠释，如此才能真正了解其实质内涵，进而对我们的儿童教育具体实践提供经验，促进我国教育的良性快速发展。我们有能力有责任给儿童创造温暖快乐、和平充实、积极向上的成长环境，儿童与生俱来的创造力应该得到淋漓尽致的发挥，祖国的未来需要我们把儿童教育做得更好。

从池田大作的"对话"模式
看他的和平理念

拜根兴[*]

前　言

池田大作先生是日本著名的宗教思想家、世界著名的和平活动家。近半个世纪以来,池田先生活跃于推动世界和平和进步的伟大事业中,在国际上享有极高的声望。他先后获得五项国际和平奖,其中联合国奖就有两项。不仅如此,池田先生用自己渊博的知识、超人的智慧,和世界各国的著名人士展开"对话","对话"成为他与不同文化背景、不同宗教信仰的文化大师敞开心扉,探讨人类社会所面临问题和困境的重要途径。从 20 世纪 70 年代开始,池田先生已经与〔美〕基辛格、加尔布雷斯、杜维明、〔俄〕萨多维尼奇、戈尔巴乔夫、〔德〕狄而鲍拉夫、〔英〕B. 威尔逊、汤因比,〔意〕奥瑞里欧·贝恰以及中国的常书鸿、季羡林、金庸、章开沅、顾明远等著名人士展开过对话,涉及宗教、人生、和平教育、

---

* 拜根兴,陕西师范大学历史文化学院。

环境生态、世界未来等多方面内容。从这些娓娓道来，闪耀着睿智与气度，足以发人深省的"对话"中，不同文化找到了共生共荣的契机，人类面临的困境在对话中获得解脱，真正起到了"消除文明之间的矛盾和冲突的重要机制"①作用。本稿即通过"对话"的必要性、如何"对话"、"对话"产生的影响三个方面，试对池田大作先生的和平思想理念作一论述。

一 "对话"的必要性

人类历史发展到 20 世纪，不仅爆发了影响深远的两次世界大战，美、苏两大集团长达数十年的冷战，也使许多国家被牵扯进去，对世界和平和人民生命安全造成巨大的损害；区域战争更是由于各方矛盾的激化不时擦枪走火，先后有旷日持久的中东战争，以及英阿战争、索马里战争、伊拉克战争、科索沃战争等；进入 21 世纪，在美国单边主义的淫威下，第二次伊拉克战争更加疯狂，造成的损失更为严重。虽然在此前后联合国及相关国家政府曾多方面努力，力求在战争的废墟上构筑新的、为各方均能接受的国际新秩序，但是，如何弥平战争双方及其被动或者毫无因缘地被扯进战争的无辜平民因战争产生的心灵隔阂，并从根本上消除引发战争的各种因素，世界各国爱好和平的人士采取了各种方式，认真对待。池田大作先生对战争深恶痛绝，这是他长期以来推动和平行动，乃至推行"对话"的原点。他曾多次以自己的亲

① 池田大作、〔美〕杜维明：《对话的文明——谈和平的希望哲学》，卞立强、张彩虹译，四川人民出版社，2007，第7页。

身经历，声讨、诅咒战争。他谈到"看到母亲接到被送到缅甸战线上的长兄战死的通知泣不成声的背影时，我就下定了决心，绝不能让世上的母亲们再经受这种毫无道理的悲伤"，他发誓"必须缔造一个母子能够和平、安心生活的社会"①，这些成为他之后人生的一大信条。同时，随着 20 世纪核弹等非常规武器的出现，此前人们常常提及的战争是政治与外交的延伸的经典论断似已渐为人们所遗弃。鉴于此，池田大作先生对终止战争有新的论断，这就是"放弃战争对于人类在核时代的生存是绝对必要的。甚至一场常规战争也能升级为一场核战争，因此，无战争状态对人类生存来说是必要条件"。②

文化的差异和冲突，以及人为的割裂和夸大，也会羁绊、阻挡当今世界不同信仰人们的正常交往。20 世纪中期出现的犹太人和阿拉伯伊斯兰世界的摩擦，演变为以美国为首的西方基督教世界与阿拉伯伊斯兰教世界的冲突；新兴的中国艰难地走向改革开放的富强之路，而西方主要国家的恐惧导致所谓"中国威胁论"甚嚣尘上，中国乃至东亚奉行的儒教文化和西方基督教文化的差异性也被无情夸大。1996 年，美国著名学者杰立塞缪尔·亨廷顿出版了著名的《文明冲突与世界秩序的重建》一书，将世界不同文明之间的摩擦乃至冲突提上了新的高度。2001 年"9·11"恐怖袭击之后，以美国为首的西方国家发起反恐行动，伊拉克独裁政权的灭亡、阿富汗塔利班政府的倒台，引起了阿拉伯世界一些地区的骚动，战争的影响一直延续到现在，似乎印证了文明之间不可调和的

---

① 池田大作、〔美〕杜维明：《对话的文明——谈和平的希望哲学》，卞立强、张彩虹译，四川人民出版社，2007，第 9 页。

② 池田大作：《池田大作集》，何劲松译，上海远东出版社，1997，第 125 页。

矛盾。但人类文明是否真的走到这种地步？难道用和平的、大家均能接受的方式就不能解决问题？

除战争与和平之外，20世纪末短短数十年间，人类对自然的过度开发乃至破坏，自然环境的恶化，代之而来的是自然灾害的频繁发生，造成世界新的恐慌点。例如温室效应、臭氧层空洞、物种灭绝、水污染、沙漠化等问题的加深，人类对大自然的亏欠最终将遭到大自然无情的报复。单就世纪之交数十年来的世界，不仅出现了东南亚使人谈之色变的太平洋大海啸，还出现了中东乃至东亚、中南美洲的强烈地震，以及全球温室效应带来的干旱、雨涝和疫病。人类要永久地生存下去，这些问题就必须得到解决，否则，很可能导致更大的危害，直至人类消亡。池田大作先生对此也有精辟的分析，认为这是人类对待自然的观念出现偏差，高度发展的科学技术被不正当利用，人类"魔性的欲望"膨胀所致①，因而必须从人的思想上解决问题。

上述一系列问题的出现，阻碍着地球大家庭的共同可持续发展，使世界各国乃至地区之间背离和平发展的宗旨。如何解决这些问题，进而挽救人们心灵深层的"欲望"？作为宗教思想家，池田大作先生近四十年来奔走于世界各地，宣扬自己的学说，坚持必须从人的思想上化解隔阂和冲突，解决现实存在的问题。不仅如此，池田大作先生还针对全球性问题，通过与世界各国著名人士的"对话"，对各国政府以及民间形成心灵的震撼和影响。正如众所周知的《论语》，就是收集孔子与其弟子们的对话内容，传递"修

---

① 曾建平：《拯救自然的佛法之路——池田大作的信仰之路》，收入冉毅、曾建平主编《关爱人性，善待生命——池田大作思想研究》，湖南师范大学出版社，2003。

身齐家，治国平天下”的理念，影响一代代中国人；柏拉图收集
与其老师苏格拉底的对话，编成“对话集”，享誉西方学界；池田
大作信奉的日莲大圣人也是以旅客与主人的对话方式，撰写出享誉
世界的著作《立正安国论》。曾经和池田大作先生展开对话的八十
五岁的历史学家汤因比给池田先生的临别赠言就是：“要开拓人类
的道路，就只有对话了。你还年轻，希望你今后继续跟世界的知识
分子对话。”① 池田先生用实际行动实践了他与汤因比的约定，“对
话”世界，“对话”人生，面对世界险恶的发展局势，他曾深情地
说道：“我认为其关键就是曾于过去的倡言中所提到的‘对话’。
‘只有对话才是和平的王道’——只要人类历史不停止其前进，人
类就不得不永远肩负这一命题。不管遭受多少冷嘲热讽，到最后也
不能放弃这呐喊。”② 即用他们颇具影响的“对话”，消除人们心灵
的误区（包括一些政府机构人员及其决策者），对激活众生心灵的
善缘，构筑理想的和平世界，产生重大的影响。

二 对话人物及命题的选择

1. 对话者的选择

池田大作先生选择的对话者囊括世界各个领域的著名人士，
有政治家、文学家、历史学家、哲学家、经济学家、自然科学家、
宗教家、和平运动家等。他曾说过：“超越国家及思想形态，我不

---

① 金庸、池田大作：《探求一个灿烂的世纪——金庸、池田大作对话录》，北京
大学出版社，1998，第4页。
② 池田大作：《面向新世纪——人本主义的对话》，第30届“SGI”纪念倡言，
2005。

断与各界领袖进行对话。在与有以基督教、犹太教、印度教及儒教为首的各种思想、文化、宗教背景的有识之士的交谈中，我了解到，能成为'对话'这一 21 世纪人类重要课题的基础的，除'合为善，分为恶'的'人本主义'信念之外，别无其他。这也正是我一贯的结论。"① 正因如此，他选择与一些颇具代表性的世界名流展开对话，相得益彰，名留青史。其中政治家有前苏共中央总书记戈尔巴乔夫②。这场自 1993 年开始的对话，1996 年结集在日本出版了《20 世纪的精神教训》一书，产生的影响可谓空前。"且不说戈尔巴乔夫的新思维对拯救苏联到底有多大用处，以及在苏联大厦倾覆过程中应当承担何种责任，或者说他对缔造自由俄罗斯做出了哪些贡献"，作为一位落魄的带有悲剧性的政治家，他对 20 世纪特别是苏联的历史教训的总结，应该是值得人们关注的。正因如此，池田大作先生和戈尔巴乔夫对话，其中用意发人深省，对话导出的"渐进主义"就是送给 21 世纪的"安定之轨道"、"向上之轨道"的看法值得肯定③。而池田大作先生对戈尔巴乔夫的赞赏和理解，体现了作为宗教教育家的人生信条。池田先生与美国前国务卿基辛格博士对话，则是另外一个场景。基辛格博士直接促成中美的接近和最后建交，是 20 世纪后半叶改变世界力量对比的主要人物之一。他们在对话中对中国的复兴给予希望，而历史的发展

---

① 池田大作：《面向新世纪——人本主义的对话》，第 30 届 "SGI" 纪念倡言，2005。

② 〔俄〕戈尔巴乔夫、池田大作：《20 世纪的精神教训》，社会科学文献出版社，2005。

③ 池田大作、金庸：《探求一个灿烂的世纪——金庸、池田大作对话录》，北京大学出版社，1998，第 39 页。

也证实了他们当初的预测。他们于 20 世纪 80 年代的对话，结集为《和平、人生与哲学》^① 一书。

除上述政治家之外，池田大作先生还花费大量的精力，和世界各国精英学者展开对话。值得称颂的就是英国著名历史学家，《历史研究》的作者阿·汤因比，对话自 1972 年 5 月初开始，持续一年有余，当时汤因比已经 85 岁，而池田大作先生则 40 多岁。两人的对话内容相当广泛，涉及宇宙天体运行、生命起源历程、宗教哲学理念、道德伦理与科学技术发展、文化教育与医疗卫生现状、环境保护与国民经济发展、社会福利的完善、政治制度对比及领导者应具备的能力、两大阵营的军备竞赛与和平战争，囊括 20 世纪 70 年代当时国际社会所面临的所有迫切需要解决的问题，并对未来世纪作了前瞻性预测和展望，特别是在"对话"中也涉及中国在未来世界中的作用。对话后来结集为《展望二十一世纪》一书。无疑，在当时的国际环境下，汤因比、池田大作两位世界级著名人士，以他们超人的见识和广博的知识，对地球上出现的各种问题，提出他们的解决方法，他们的一些预测在今天看来已经成为现实。

池田大作与英国著名生物学家 B. 威尔逊的对话，不仅提到生命的尊严问题，而且特别指出生命的广义性、至上性，不只包括人，还应包括动物乃至微生物，"只尊重人的生命，往往会使人类陷入利己主义。陷入利己主义的人，也容易陷入只尊重特定民族、特定信仰者、特定阶级者生命的狭隘的圈子中。与此相对照，把尊

---

① 池田大作、〔美〕基辛格：《和平、人生与哲学——池田大作与基辛格对话录》，中国国际广播出版社，1988。

重生命的精神推广到动物身上，才是最根本的尊重生命的精神"①。生命的尊严、善待生命、生命高于一切，这体现了池田大作先生作为佛教日莲宗的信奉者乃至实践者的慈悲思想。同时，善待生命对于推介和平，反对、根绝战争，教育、诱导人们摒弃战争恶念，无疑是有警示作用的。池田先生还与两次获得诺贝尔奖（1954 年化学奖、1962 年和平奖）的科学家保林博士对话，话题涉及科学与人性，医学、生物化学和裁军等多方面的内容。与英国著名物理学家、反核人士、诺贝尔和平奖获得者约瑟夫·罗特布拉特博士对话，深入探讨核的可怕与和平的珍贵，对话结集为《探索地球的和平：池田大作与罗特布拉特对谈录》。

池田大作先生 2000 年还与伊朗和平运动家特拉尼安（Majid Tehranian，夏威夷大学教授）博士一起研讨了佛教与伊斯兰教相关问题，并将其编成对话集出版。2005 年 2 月又同土耳其出生的文化人类学家亚曼（Nur Yalman，哈佛大学教授）博士展开对话，并将对话在杂志上连载。对话探讨了开拓人类得以共存的地球文明之路，以及文明之间的冲突原因所在。这篇对话中也涉及伊斯兰社会的实像与精神。

他还和世界上众多著名大学的校长谈论和平教育问题。如在与莫斯科大学校长萨多夫尼奇的对谈中，就环境问题展开讨论，其中也提到了"蝴蝶效应"，即所谓的巴西蝴蝶扇动翅膀，会引致美国得克萨斯州发生龙卷风的现象。他也曾与武汉大学前校长刘道玉教授，华中师范大学前校长、著名历史学家章开沅对话（2005）。这些对

---

① 池田大作、〔英〕B. 威尔逊：《社会与宗教》，梁鸿飞等译，四川人民出版社，1991，第 106 页。

话虽然涉及教育方面的内容相对较多，但探讨教育代之而来的和平理念已经渗透到对话之中，引发人们对和平与教育的无限联想。

池田大作先生与世界著名学者的对话则更显得精彩异常。20世纪90年代，他与吉尔吉斯斯坦共和国文学家艾特马托夫（Chingiz Aitmatov）多次见面，谈论人生哲理、文学养成，并出版了对话集《壮大的魂诗》。艾特马托夫于2008年6月逝世，因而他们的对话也成为讴歌和平的绝唱。与我国著名学者季羡林教授对话，探讨佛教人生及东方智慧，后结集为《畅谈东方智慧》。也曾与著名敦煌艺术研究专家常书鸿先生对话，而与著名学者、武侠小说大师金庸先生的对话，结集为《探求一个灿烂的世纪——金庸、池田大作对话录》（1997）。与世界新儒学的代表人物，哲学家杜维明教授的对话，则紧扣和平主题，结集为《对话的文明——谈和平的希望哲学》（2005）。与意大利著名的罗马俱乐部会长、经济学家奥锐里欧·贝恰的对话，后来结集为《二十一世纪的警钟——池田大作与奥锐里欧·贝恰对话录》。与印度佛学家、印度文化国际学院院长洛克什·钱德拉针对佛教哲学关联问题对话，后结集为《畅谈世界哲学——钱德拉与池田大作对谈录》。与德国教育哲学家狄尔鲍拉夫对谈寻求新的人性，结集为《走向二十一世纪的人与哲学——寻求新的人性》。

2. 对话命题的选择

首先，池田大作先生与世界著名人士的对话，其命题多是现实中迫切需要解决的问题。如上文所述，自20世纪中期以来，由自然及人为原因造成的环境恶化、生态失衡，以及区域战争的频繁出现，如何解决这些问题，这些都成为池田大作先生与世界各国政要、学者专家对话的重要命题。

其次，20 世纪后半期，随着美苏两大阵营冷战的加深，国际上层出不穷的区域冲突和环境问题以及一系列不确定性问题困扰着整个世界，人们将希望寄托于即将到来的新世纪，对未来世纪的企盼牵动着芸芸众生，这就需要有人畅想新世纪、预测美好的未来，给人们指出一条和平发展的道路。而池田大作先生与世界各国著名人士的对话录，就是要解答人们遇到的困惑，帮助人们走出阴霾，迎接光辉灿烂的 21 世纪。对话中每每谈及 21 世纪，总给人以探究、追求的快乐，也给人留有想象的空间。

再次，无论地球出现何种问题，其始作俑者都是人类自己，解决人的思想问题是一切问题迎刃而解的关键。从"对话"集中可以看出，作为宗教人士，池田大作先生在对话过程中，往往让对话者谈及家庭教育、成长过程以及成长背景和他们面对逆境坚忍不拔的精神，进而捕捉对话者人生各个重要阶段内外在因素对他们成长产生的影响。

最后，池田大作先生在对话过程中，多次提到战争对社会及个人本身发展的重大影响。他反对战争，对于日本在第二次世界大战中的可恶行径，公开予以谴责并以个人的名义多次道歉。正因如此，创造和平的环境，使人类脱离战争梦魇，是池田大作先生终生的追求。

除探讨"和平"主题的对话之外，人生哲学、环境问题、科技发展、科学教育等，也成为池田先生和世界知名学者对话的主题。

三 "对话"产生的影响

据作者不完全统计，迄今为止，和池田大作先生对话的世界名流学者、知名人士已经有 7000 余位之多，出版对话集近百本，在中国大陆出版或翻译的对话集也有十余本，而一些书还在翻译出版过程中，相信这个数字还会不断翻新增大。同时，这些"对话录"被翻译成多种文字，在世界各国出版发行，使得池田大作先生的和平宗教活动与"对话"紧紧地联系起来。作为一位宗教活动家、思想家，能够具有这种知名度，达到这种使世界媒体刮目相看的程度，足见"对话"所起到的重要作用。

这种对话机制也赢得了世界的认同。1998 年联合国大会上，全体代表一致通过将 2001 年定为"文明之间的对话年"，表明联合国已经认识到"尊重文化的多样性正是争取世界和平和繁荣的前提条件，而且也象征着在个人对个人、团体对团体、国家对国家以及文化对文化的关系中，这是一种新思维"①。不仅如此，联合国还成立了所谓的"贤人会议"，从世界各地挑选 18 位著名人士，包括德国前总统魏茨泽克、诺贝尔经济学奖获得者阿玛蒂亚·森教授等人。在随后的探讨中，"贤人会议"将其研究报告书《超越差异》提交给联合国大会，起到了独特的作用。而池田大作先生继续发挥着他的能力和影响，创价学会辖下的"户田纪念国际和平研究所"在纪念创所十周年（2006）活动中，以"为地球公民促进文明之间的对话"作为行动口号，掀起新的和平研究和对话的浪潮。

与此同时，日本创价学会的发展也达到一个新的高峰。现在，创价学会已经拥有 1000 余万会员，学会创办的报纸《圣教新闻》，

① 池田大作、〔美〕杜维明：《对话的文明——谈和平的希望哲学》，卞立强、张彩虹译，四川人民出版社，2007，第 78 页。

在日本众多的新闻报纸中，发行量排名第三。创价学会还在世界各地建立了分会，发展国外会员，进而使创价学会成为一个世界性的组织。池田大作先生不顾年迈，奔走于世界各地。他荣获世界各地200余所大学及学术机构授予的名誉教授称号，正是由于他的"对话"，加之在中日建交过程中所起到的独特作用，池田大作的名字在中国人中影响更大。现在中国有30余所高校中有池田大作研究所、研究中心之类学术机构，其中北京大学、复旦大学、南开大学、华中师范大学、湖南师范大学、北京师范大学、深圳大学等学校的研究工作走在前列。

总之，"对话"使不同信仰、不同文化背景的人士走到一起，各方将自己的所思所想说出来，进而拉近双方的关系，淡漠隔阂，找出问题的所在，和平的橄榄枝在对话中为双方接受，这就是池田大作先生秉承牧口常三郎、户田城圣两任创价学会会长的对话衣钵，吸收佛教徒众相互"诘难"模式，发掘人类优秀文化，身体力行"对话"的成功所在。

论中国大陆池田大作研究热潮的形成

——兼述陕西师范大学的池田大作池田香峰子研究

拜根兴[*]

前　言

谈及世纪之交的中日文化交流以及双边关系，一些政治家的名字常常为人们所提及[①]，但世人一定不会忘记一个主张和平的体制外人士。他虽没有官方认同的所谓一官半职，但他的影响却遍及世界；他虽是一个宗教社会活动家，但他的众多思想精髓却为整个世界所颂扬。看他的论著，翻阅他与世界名流大家的对话集，犹如春风雨露沁人心脾，一个将毕生贡献于人类和平事业，为世界和平殚精竭虑的伟人形象，就会展现在你的面前。这个享誉世界的伟大人物，就是以倡导和平对话，主张中日长期友好著称的池田大作先生。众所周知，进入新世纪之后，中日关系以及中日文化交流忽冷

---

[*]　拜根兴，陕西师范大学历史文化学院。

[①]　参考孙平化《中日友好随想录》，辽宁人民出版社，2009；王俊彦：《中日关系掘井人》，世界知识出版社，2010。

忽热，但中国大陆池田大作研究却逐渐升温，并出现令人振奋的研究热潮。探讨中国大陆池田大作研究热潮的形成，研究概况、特点以及出现这种研究热朝的原因，对于正确认识池田大作思想的博大精深，探索改革开放 30 余年后的今天，如何尊重人的价值，维护人的尊严，促进和谐发展等问题，都可提供重要的学术参考。本文即在学界已有研究的基础上，对上述问题试作探讨，以就正于诸师友方家！

一 中国大陆的池田大作研究热

中国大陆的池田大作研究应该追溯到 20 世纪 80 年代初。当时由北京大学、复旦大学、中国社会科学院等学术机构率先和日本创价学会展开学术交流，授予池田大作先生名誉教授称号，这些学校和研究机构中从事中日关系及中日文化交流的学者，开始将研究的触角伸向这一领域，池田大作研究悄然展开。随着池田大作与汤因比等人对话录的翻译出版，池田大作先生对世界面临的各种问题的精辟解析，对这些问题出现的原因和解决办法的探索，以及在即将到来的新世纪，作为地球公民如何和平相处积极应对新的问题，使池田大作的和平宗教思想为更多的中国人所了解。到了 90 年代，中国一些大学酝酿建立池田大作研究机构，池田大作在中国大陆民间的影响进一步扩大。池田大作自己的著作，池田大作与中国著名人士常书鸿、金庸等人的对话录也相继翻译出版。正是由于这些出版物，以及媒体偶尔的报道，一个爱好和平，主张中日友好的世界名人形象被和盘托出。加之已故周恩来总理病重期间破例接见池田大作先生的往事已被传为佳话，而在此后，前往日本访问的党和国家领导人邓小平、江泽民、李鹏等，无一例外地都要与池田大作先生见面互动，显示出池田大作先生在中日友好关系发展过程中的重要作用。池田大作先生和蔼可亲的面容，对世界和平和中日关系发展高瞻远瞩的预见力，逐渐为一般中国人所熟悉。当然，日本创价学会在与中国高校、民间交往过程中，人们对于创价学会的宗旨及其组织领导者的了解，也使得国人对池田大作先生的了解更加全面。

进入 21 世纪，随着一系列世界性大事件的出现，和平对话成为解决问题的必由之路。如 2003 年，美国为了一己之私，联合英国等盟友，绕过联合国大举入侵伊拉克，以及随后发起的阿富汗战争；2004 年末印度洋周边地区出现骇人听闻的大海啸；2008 年之后智利、中国出现的大雪灾、大地震等。人类社会在急速发展的大背景下，由于自身的贪婪、政治理念差异等原因，导致战争和自然生态的破坏灾害频繁发生。是和平发展，还是自取灭亡，这是地球人必须正确面对和必须回答的问题。在此大背景下，对话、交流、理解无疑是解决问题的重要步骤，人们想到了倡导对话、和平的池田大作先生。中国大陆有关池田大作的研究更是如火如荼。据不完全统计，世界上已经有 280 余所大专院校、科研机构授予池田大作先生名誉教授称号，其中中国大陆大学占据相当多的份额。与此同时，中国的 30 余所大专院校成立了池田大作相关的研究机构，如北京大学日本研究所 2001 年成立了池田大作研究会，华中师范大学、湖南师范大学、广东嘉应学院等学校随即也成立了池田大作研究机构。陕西师范大学很荣幸地成为第 220 所授予池田大作名誉教授称号的大学，并于 2008 年成立了池田大作池田香峰子研究中心。另据报道，池田大作还与华中师范大学的章开沅教授，武汉大学前校长刘道玉教授，北京师范大学的顾明远教授，辽宁师范大学的曲庆彪校长等，针对和平、人性、高等教育的现状与未来、中国近现代思想文化等问题展开对话，达成了重要的共识，有的对话录已经出版①。更因为这些对话者要么是著名的学者，要么是高校管理者，对话内容更是中国学界共同关心的问题，因而这些对话在中国知识界引起一定的反响，并为创价学会和中国高校之间的进一步交流合作创造了条件。2006 年之后，创价学会属下的创价大学在北京建立办事处，协调创价大学与中国各高校交流合作关系，并贯彻池田大作先生"中日友好是世界和平的关键"这一信念，致力于发展中日两国的学术文化交流活动。创价大学已经接受 170 余名中国教授作为交换教员赴创价大学学术交流，派遣 700 余名日本学生到中国各大学校交流学习；创价大学还建立专门的研究资助体系，为中国学者及在校硕、博士提供赴日研究学习的机会。这些举措无疑加深了双方的了解，也使得中国大陆池田大作研究进一步升温。

中国大陆学术机构频繁举办池田大作思想国际学术研讨会，促使池田大作思想研究不断走向深入。迄今为止，中国大陆池田大作研究机构已经举办了七届国际学术研讨会：2005 年北京大学与日本创价大学联合举办了第一届池田大作国际学术研讨会，主题为"中外学者论《展望二十一世纪》"；2006 年华中师范大学举办了第二届池田大作国际学术研讨会，会议主题为"中外学者论池田大作'和谐社会与和谐世界'"；2007 年在湖南师范大学举办第三届池田大作国际学术研讨会，主题为"多元文化与世界和谐"；

① 曲庆彪主编《回归与超越：池田大作和平文化思想研究》，辽宁师范大学出版社，2007。池田大作、章开沅：《世纪的馈赠：章开沅与池田大作的对话》，湖北人民出版社，2011。池田大作、顾明远、高益民：《和平之桥：畅谈和平教育》，教育科学出版社，2014。

2008 年在北京师范大学举办了第四届池田大作国际学术研讨会，主题为"和平与教育"；2009 年在辽宁师范大学举办了第五届池田大作国际学术研讨会，主题为"以人为本与人类发展"；2010 年 3 月 21～22 日，由广东省社会科学院、香港世界创价学会、广东嘉应学院等学术机构，在广东梅州举办了池田大作国际学术研讨会，主题为"以人为本与二十一世纪全球文明"①；2010 年 11 月初在中山大学举办第六届池田大作国际学术研讨会；2011 年 11 月初，由创价大学在北京举办池田大作思想研究峰会，总结前六届研讨会的成果，并为以后研究寻找新的方向；2012 年 10 月 22～24 日，由上海师范大学举办第七届池田大作国际学术研讨会。2013 年 3 月 1～3 日在台湾中国文化大学举办池田大作和平思想国际论坛。广东省社会科学院近年来也定期举办小范围的学术研讨会。这些国际学术研讨会具有以下几个特点。第一，中日等地学术机构联合举办，具有十足的国际性。上述国际池田大作学术研讨会，均是由中国大学、学术机构和日本创价大学，以及香港世界创价学会、台湾创价学会联合举办，参会的日本等外国学者为数不少。第二，参加会议的学者组成广泛、学术修养高，有的学者长期从事中日文化及池田大作思想研究工作，有的曾在过去的岁月里，为中日文化交流、中日关系的发展建功立业，成为学界十分敬重的硕学名流，如北京大学日本研究所的贾蕙萱教授，长期在日本作新闻报道的刘德友先

① 2008 年 5 月，由华南师范大学、广东省社会科学院、香港世界创价学会联合举办"和平发展中的文化与教育学术研讨会"，会后出版了由梁桂全主编的《和平·文化·教育：和平发展中的文化与教育学术研讨会论文集》（中国社会科学出版社，2008）一书。该书收有池田大作先生为会议撰写的贺信，并收录会议论文 23 篇。

生，周恩来总理的日语翻译林丽韫女士，中华文化促进会高占祥主席，台湾中国文化大学的林彩梅教授，著名学者章开沅、顾明远教授等。会议规模大，一般来说参加会议的学者均在百名以上，最近的几届会议特别注重青年学者间的研讨，这可能是区别于其他学术研讨会的重要特点之一。第三，如上所述，几次会议讨论主题紧扣时代发展潮流，解决人们和社会迫切关注的问题。池田大作思想国际学术会议的频繁召开，促使国内学界研究池田大作新热潮的出现。如北京大学为了纪念池田大作先生访华30周年，于2004年出版了纪念论文集，收录了中国著名学者研究池田大作的最新论作。

有关池田大作的书籍在中国大量出版。首先，池田先生与世界成功人士的对话录大量出版。除上述池田大作与汤因比、常书鸿、金庸的对话录之外，现在能够看到的还有池田大作与美籍华人杜维明的《对话的文明——谈和平的希望哲学》（四川人民出版社2007年版），与前苏共中央总书记戈尔巴乔夫的《20世纪的精神教训》（社会科学文献出版社2004年版），与国学大师季羡林的《畅谈东方智慧》（四川人民出版社2004年版），与日本松下电子集团奠基人松下幸之助《人生问答》（中国文联出版社2000年版，2009年第4次重印），与俄罗斯文学家里哈诺夫的《孩子的世界》（中国文联出版社2002年版），与美国科学家保林的《生生不息为和平》（广西师范大学出版社2007年版），与华中师范大学原校长章开沅的《世纪的馈赠——章开沅与池田大作的对话》（湖北人民出版社2011年版）① 等。台湾创价学会属下的正因书局，近年来出版了众

---

① 池田大作与保林的对话录《生生不息为和平》一书，被"2008年第二届桂林读书月活动组委会"推荐为阅读首选书目之一。

多的池田大作著作，特别是 2012 年末还给大陆各池田大作研究机构赠送书籍，引起很好的反响。出版池田大作本人及池田香峰子夫人的作品，扩大了影响，使更多的人了解了池田大作。此前中国国内出版的池田大作著作，因为需求增多，又不断重印重版①。而专门研究池田大作人生经历的专著，计有王永祥主编《周恩来与池田大作》（中央文献出版社 2001 年版），冉毅《关爱人性，善待生命：池田大作思想研究》（湖南师范大学出版社 2003 年版），冉毅《人性革命：池田大作人学思想研究》（四川人民出版社 2005 年版），李庆《池田大作传》（浙江人民出版社 2008 年版），高岳伦等主编《廖承志与池田大作》（中央文献出版社 2011 年版），孔繁丰、纪亚光著《周恩来、邓颖超与池田大作》（南开大学出版社 2011 年版），史振中《感悟生命：与池田大作的心灵对话》（辽宁师范大学出版社 2011 年版），王丽荣《池田大作德育理论及其实践》（黑龙江教育出版社 2012 年版）等。

出版发行有关国际会议的论文集。现在看到的就有贾蕙萱主编，香港社会科学出版社出版的《池田大作研究论文集》（2004），陈锋、高桥强主编《中外学者论〈展望二十一世纪〉》（华中师范大学 2006 年版），华中师大、创价大学合编《中外学者论池田大

---

① 现在可以看到的有以下几种：《人生箴言》、《谈幸福》、《孩子是"未来的宝贝"——教育箴言录》（以上均为中国文联出版社出版），《人间革命》、《新女性抄》（上海财经大学出版社，2004），《365 日给女性的赠言》（四川人民出版社，2008），《我的中国观》（四川人民出版社，2009）等。当然，此前出版的《我的人学》（北京大学出版社，1990），《我的释教观》（四川人民出版社，1993）等几部书也重印发行。池田香峰子：《香峰子抄：与池田大作共进之路》2006 由作家出版社推出。一个在幕后默默奉献的贤内助，一个为创价学会女子部和世界妇女所推崇赞赏，平凡而伟大的女性形象展现在世人面前。

作：和谐社会与和谐世界》（华中师范大学出版社 2007 年版），唐凯麟等主编《多元文化与世界和谐：池田大作思想研究》（人民出版社 2008 年版），高益民主编《和平与教育：池田大作思想研究》（教育科学出版社 2010 年版），而由辽宁师范大学、创价大学合编《与池田大作对话文明重生》（中国社会科学出版社 2011 年版）一书，则是从此前举办的六次学术会议论文中选出著名学者的 22 篇单独结集出版，足以体现出池田大作思想研究的最高水准和最新成果。曲庆彪、寺西宏友主编《与池田大作对话人类发展》（中国社会科学出版社 2012 年版），就是辽宁师范大学研讨会的论文集。据了解，2010 年在中山大学、2012 年在上海师范大学举办的两次国际学术会议论文集也将面世。众多的学者与会发表自己的看法，并将其公之于世，反映出中国池田大作思想研究已经步入新的阶段，并向更深更广方向发展。

作为传统平面媒体的重要一环，各地报纸争相介绍和报道池田大作先生及其事业，有利于一般大众对池田先生的深层了解。专业学术杂志上大量刊载探讨池田大作思想的专题论文，其数量也甚为可观。笔者查阅中国学术期刊网（CNKI），据不完全统计，进入新世纪之后，期刊公开发表有关池田大作思想、创价学会教育体系等方面的论文多达 200 余篇。而例如《嘉应学院学报》、《肇庆学院学报》、《韶关学院学报》、《文化学刊》、《井冈山大学学报》、《广东社会科学》等公开发行的学报杂志或专设栏目刊载，或定期刊登池田大作思想研究方面的论文。探讨现在还健在的国际友人的思想理念，如此高密度的人力投入，在以往似乎并不多见。

作为大众媒体的重镇，中国中央电视台"子午书简"栏目多次介绍、讲读池田大作先生的文章及著作①，地方省市电视台也有相类似的节目。这些都从另一个侧面反映出池田大作先生在中国大陆非凡的影响力。作为一位外国人士，似乎还没有谁像池田大作先生这样，中国学术界每年都为之举办一次或者数次国际学术研讨会，受到学界如此青睐，媒体如此高调追捧。面对国内外出现的池田大作研究热，我们不禁要问，新世纪伊始，这种旋风从何而来，为什么会如此？这是我们需要解答的问题。

二 池田大作研究热出现的原因

中国学界出现池田大作研究热潮，有其内在的历史文化原因和深刻的时代背景。

从主观方面看：第一，池田大作先生高尚的品德、渊博的知识、独特的人格魅力、卓越的领导才能，创价学会对中日友好关系的缔结所做出的贡献、在世界上良好的口碑，以及超强的组织号召力。我们现在看到的《池田大作全集》有 100 余卷，而步入高龄的作者仍在向世界贡献着自己的聪明才智笔耕不辍，这不仅是创价学会赖以繁荣发展的根本所在，也是世界思想宝库中的宝贵财富。这些闪烁着思想火花的作品，同样也为中国知识界所接受。第二，池田大作先生在和平、教育、文化三大方面体现出博大精深的思想内涵，吸引人们关注和探究。具体来说，池田大作先生对世界和平不遗余力，他和世界著名人士的对话，要么解决

---

① 中央电视台第 10 套节目中，曾先后介绍播放过池田大作先生《青年》（2002），《雪山苦寒鸟》（2003），《为了丰富多彩的人生》（2008）等文章，激发青年人奋发向上，为国家的发展贡献力量。

人自身面临的问题，要么关注世界和人类的未来，而反对战争，主张国家间和平共处，是池田大作先生数十年来身体力行为世界所做的重要贡献。第三，池田大作先生为中日和平所做的开创性、持续性的努力。自 1974 年之后，池田大作先生曾十次访问中国，在中国的许多地方发表演讲，认为中国是日本的文化恩国，检讨日本军国主义在侵华战争中对中国人民所犯的罪行，主张中日永远友好。池田大作很注意推动中日两国青年间的交流，2006 年、2010 年创价学会均派出青年代表团访问中国①，中国中华青年联合会也组团回访日本。池田大作先生的言行曾影响到日本政府及某些团体，对于中日关系的平稳发展起到了相当重要的作用。特别是近年来，年近八十的池田大作先生与前往日本进行国事访问的胡锦涛主席、温家宝总理均有不同程度的互动，推动了中日文化交流飞速发展。

从客观方面看：第一，进入新世纪之后，由于一系列原因，中日关系起伏跌宕，爱好和平、主张中日永远友好的人们，感念对中日友好做出重大贡献的人们，也希望通过他们非凡的影响力，推动中日关系持续平稳友好发展。人们不会忘记小泉纯一郎担任日本首相期间中日关系的跌宕，对此，以池田大作为首的民间友好人士，利用他们自己的影响力，为中日友好保驾护航，维护了中日友好关系的持续发展。第二，中国改革开放 30 多年来社会、

---

① 2006 年 7 月，以谷川佳树为团长的日本创价学会青年代表团访问中国，团中央第一书记周强接见了代表团。2010 年 8 月，以创价学会青年部长伊藤芳宣为团长的日本创价学会青年代表团访问北京、西安、上海三地，和当地青年及学术机构交流，取得了重要的成果。参见《中国青年报》2010 年 8 月 27 日。

经济、文化飞速发展，在取得众多成果的同时，也出现了一些自然的或者人为的问题。例如经济高速发展背景下，脆弱的自然环境受到破坏，致使一系列自然灾害发生；对大自然的开发和对生态环境的保护形成尖锐矛盾；经济发展了，人们生活富裕了，但信仰追求缺失，导致一些新的社会问题的出现。凡此种种，发展的困惑需要人们探讨国家持续进步的新的动力。国际方面，美国一极独大对中国和平发展形成强大的阻力和挑战。在全球经济危机的大背景下，中国经济却保持继续发展的势头，原来就有的"中国威胁论"风潮不时刮起；美、日、韩三国同盟采取的某些策略使美国势力重返亚洲，侵犯中国的核心利益，并利用台湾、西藏以及所谓的人民币升值问题千方百计牵制中国，影响中国的持续发展。这样，池田大作先生主张的交流、对话，以和平的智慧化解矛盾，以人性的美好感化世界，无疑也成为我们应对时局的备选措施之一。第三，奔小康的发展目标需要我们继续保持经济蓬勃发展的势头，同时也需要一个新的思想理论指导国家在既定轨道上不断前进。众所周知，基于上述国际、国内发展的实际情况，胡锦涛主席创造性地提出构建和谐社会、和谐世界、"以人为本"的科学发展观理论①。而此理论恰恰又和池田大作先生主张重视人的内在感受，重视人与人之间的和谐，重视人类发展与地球环境和谐，主张

---

① 胡锦涛主席在党的十七大报告中，从政治、经济、文化、安全、环境五个方面，完整地阐述了构建和谐社会、和谐世界的重要性，强调"以人为本"是科学发展观的核心内容。关于胡锦涛主席所作《高举中国特色社会主义伟大旗帜，为夺取全面建设小康社会新胜利而奋斗》，可参《深入学习实践科学发展观活动领导干部学习文件选编》，中央文献出版社，2008，第284~342页。胡锦涛主席关于"以人为本"思想的论述，参考《科学发展观重要论述摘编》，中央文献出版社，2009，第26~31页。

世界和平发展等思想产生共鸣①。

正是由于上述主客观因素的综合发展，池田大作和平教育文化思想、以人为本思想，以及主张相互尊重、注重沟通对话的理念，为中国学术界所喜闻乐见，也成为探讨中日关系、中日文化比较、近现代中日宗教文化的主要议题，并促使更多的学者加入到探讨池田大作先生倡导的交流对话、人性升华的行列中来。当然，创价学会属下的创价大学和中国高校多方面的交流，扩大了池田大作先生及其事业的曝光度。那么，作为成立不到两年的陕西师范大学池田大作·池田香峰子研究中心，我们都做了哪些方面的工作呢？

三 陕西师范大学的池田大作
池田香峰子研究

陕西师范大学池田大作池田香峰子研究中心挂牌成立，也是中国大陆出现池田大作研究热潮的集中表现。研究中心成立于2008年9月，是中国大陆，也是世界上第一个将池田大作和池田香峰子夫人作为共同研究对象的研究机构。关于研究中心的成立，发端于2007年10月房喻校长率领的陕西师范大学代表团对日本创价大学的成功访问。陕西师范大学授予池田大作先生名誉教授称号，从此两个学校展开了形式多样的交流。

2008年11月，陕西师范大学萧正洪副校长、研究中心主任拜

① 关于池田大作先生的和平思想与实践，以及在构建和谐社会方面的启迪作用，参汪鸿祥《构建和谐世界的重要启迪：浅论池田大作的和平思想与实践》，收入梁桂全主编《和平·文化·教育：和平发展中的文化与教育学术研讨会论文集》，中国社会科学出版社，2008。

根兴教授、日语系曹婷副教授等访问了创价学会，受到创价学会方面热情接待，萧正洪副校长代表陕西师范大学，向池田香峰子夫人颁发了陕西师范大学妇女博物馆名誉馆长聘书。

2009 年 9 月，创价学会信浓企画制作公司来到陕西师范大学，采访了房校长、萧副校长等人，并制作了专题片，该专题片已在日本公开发行。在此期间，研究中心还接待了三批创价学会会员，接受其捐助的图书资料。

2010 年 4 月，陕西师范大学江秀乐书记、历史文化学院院长贾二强教授、校办卢胜利主任、研究生部杨祖培主任、国际交流处王蕾副处长应邀访问创价大学，两个学校签署了合作交流协议。

2010 年 8 月 27 日，以伊藤芳宣为团长的创价学会青年代表团访问陕西师范大学，并与池田大作池田香峰子研究中心联合举办了池田大作思想学术研讨会。

2011 年 9 月 3 日，创价大学常务理事秋谷芳英先生一行访问陕西师范大学，同陕西师范大学历史文化学院、池田大作池田香峰子研究中心的研究者座谈，共同探讨深化研究池田大作思想等问题。

2012 年 12 月中旬，台湾创价学会卢怡孝主任一行三人访问陕西师范大学，为池田大作池田香峰子研究中心和校图书馆赠送图书 60 册，历史文化学院和校图书馆联合举办赠书仪式，贾二强院长、于伦书记、徐峰处长等人出席。

2013 年 3 月 2～4 日，陕西师范大学萧正洪副校长等三人，应邀出席台湾中国文化大学举办的池田大作和平思想国际学术论坛。

2013 年 10 月 8～14 日，陕西师范大学曹婷副教授应邀前往日本创价学会访问。

2014年3～8月，陕西师范大学外国语学院曹婷副教授受创价大学资助，作为访问学者前往创价大学进行合作研究。

为了加强对研究中心后备力量的培养，在萧正洪副校长及相关学院的关怀支持下，学校开设了日语培训小班，面向有志于从事中日文化交流的在校研究生，为此后的进一步交流打好基础。研究中心还以"东北亚思想文化研究"为题，申请到陕西师范大学预研基金项目，该项目涉及池田大作思想、池田大作与中日友好、池田香峰子、日本创价学会教育理念、历史时期中日文化交流等方面研究内容。笔者的研究生马薇完成硕士论文《池田大作的中国观研究》（2011），研究生徐凤仙完成硕士论文《池田大作的师生观研究》（2012），研究生梁山完成硕士论文《国际创价学会和平倡言的新解读》（2013）且均已通过答辩并获得硕士学位。除此之外，池田大作池田香峰子研究中心在全国范围内招收硕士研究生，这在中国国内并不多见。令人欣慰的是，一些日语专业本科毕业生纷纷联系报考，为池田大作思想研究提供了优质的生源。

研究中心成立伊始十分重视图书资料建设，在各地书店购买图书的同时，积极向创价学会方面寻求帮助。研究中心荣幸地得到创价学会寄赠的涉及池田大作研究的珍贵图书资料近200册。香港著名实业家田家炳先生也寄来个人收藏的池田大作的图书资料，台湾创价学会也寄送、赠送书籍，对研究中心的发展提供帮助。

研究中心积极参与国内学术机构举办的池田大作学术研讨会，并向会议提交论文。应邀出席了在北京师范大学、辽宁师范大学、中山大学、上海师范大学、台湾中国文化大学等高校举办的池田大作思想国际学术研讨会，分别提交了《从池田大作对话模式看他的和平理念》，《池田大作儿童教育理念解析》，《家庭与社会——

香峰子夫人生命的航标》,《论池田大作师生观的内核及其表现》,
《"创造型家庭":简析池田香峰子的家庭观》,《国际创价学会倡言
的新解读》,《池田大作夫妇的家庭教育观》等八篇论文,日本
《圣教新闻》专门介绍了拜根兴、曹婷的论文观点,产生了一定的
影响。萧正洪《池田香峰子夫人研究的背景与微笑的魅力》访谈
录(日本《Pumpkin》2009 年第 2 期),收录于《世界知识人论池
田大作Ⅱ》(日本潮出版社 2010 年 4 月版)。房喻《"中日友好"
最有资格的见证者》,收录于《世界知识人论池田大作Ⅲ》(日本
潮出版社 2010 年 5 月版)。研究中心研究生马薇发表有《池田大作
的女性观解读》(《唐山师范学院学报》2010 年第 2 期)、《池田大
作的恋爱婚姻观解读》(《鸡西大学学报》2010 年第 4 期)两篇论
文。可以看出,虽然研究中心做出了一定的成绩,但研究工作尚处
于起步阶段,还须继续努力。相信随着时间的推移,研究中心会取
得更多的研究成果,为海内外池田大作池田香峰子研究添砖加瓦。

结　　语

　　中国大陆进入新世纪之后出现池田大作研究热潮,不仅体现出
池田大作先生超人的人格魅力,博达睿智的伟人形象,更体现出他
对世界、对人类以及在中日关系、中日文化交流领域的卓越贡献。
无疑,这种研究热潮还会长久不衰地持续下去!池田大作先生倡导
的追求完美人性,追求和平和谐发展,用实际行动顺应自然,用佳
言善行感化世界,是人类社会持续发展必须遵循的原则,也是我们
构建和谐社会、和谐世界共同追求的目标之一,因而值得我们关注
和探讨。

论池田大作师生观的内核及其表现

前　言

众所周知，池田大作的师生观表现为广义和狭义两个方面①。
而对于所谓的师生观，一般人想到的大多是学校里老师与学生间的
教学关系，显然，这种理解只是将师生观停留在狭义表面上。池田
先生认为师生关系是人们相互接触的最高形式，不能仅局限于学校
当中，应当广泛地考虑到人生及人们生活的一切方面。无论是艺术
世界、宗教世界，还是在职场上，只要有想提高自己的地方就都存
在师生观，用孔子的话说就是"三人行，必有我师"故也。在此，
姑且将其定名为池田大作的广义师生观。池田先生主张师生只有以
一对一式对话，才能实现真正的人格平等和交流；强调对学生

＊　拜根兴、徐凤仙，陕西师范大学历史文化学院。
①　有关池田大作的师生观关联问题的具体论述，参见徐凤仙《论池田大作的师
　　生观》，陕西师范大学 2012 年度硕士论文。

"善"的诱发,并将这种师生观总结为"师弟不二"。本稿即在探讨池田大作师生观的同时,对师生观的内涵等问题试作诠释,以就教于诸师友方家!

一 师生观之方式:一对一的对话

池田热衷于"对话"①,他出版的百余部著作中,大部分都是与世界各行业精英的对话集。在池田看来,"'对话'是开启人类未来的钥匙,要把所有的人都当做'宝贵的存在'来加以尊敬"②。也就是说,对话过程就是人虚心学习、不断进步并逐渐成为完整人的过程,对话的精神就是"主动从与自己相关的一切中学习的谦虚精神和开阔胸怀,能使人无止境地进步"③。

所以池田认为对话是人之所以为人,人之所以为真正的人的必经之路。池田在美国的一次演讲中指出:"无论是与邻人的对话还是与历史、自然或宇宙的对话,只有在对话的开放空间里,人才能保障其整体人性,孤独闭塞的空间只能是人的精神自杀场所。因为刚出生的人并非马上能成为完整的人,只有在以文化传统为背景的'言论之舟''对话之海'中培育锻炼,才能知己知彼,成为真正的人。"④ 在师生观中,池田也同样重视对话的作用,认为它是不

① 参见上述拜根兴《从池田大作的"对话"模式看他的和平理念》论文。
② 池田大作:《孩子们是未来的宝贝——教育箴言录》,卞立强译,中国文联出版社,2005,第114~116页。
③ 池田大作、章开沅:《世纪的馈赠——章开沅与池田大作的对话》,湖北人民出版社,2011,第26页。
④ 池田大作:《探索新的综合原理》,池田大作中文网站 http://www.daisakuikeda.org/cht/lecture - 15. html,1993 年 1 月 29 日。

能被任何方式取代的师生交流方式，在对话的喜悦中，师生双方才能彻底地、完全地进行心灵与心灵的交流，知识和人格的教育才能由此得以实现。

1. 语言的力量

人类的交流方式有很多种，读、写、说都是其中比较常见的方式，但池田却偏爱语言交流，并且以一对一的对话交流为最好的交流方式，为什么如此？他说："语言所能发挥的最正确和最生动的传达作用，应该通过'一对一的对话'来体现，如果以这种基本观点来看，那么写与读这两种行为，其负担的作用只是一种补充。"① 就是说，写和读都是间接的对话方式，没有说的方式直接，而且说能够更大程度地利用语言的作用，发挥语言的优势和长处。

在师生关系中，语言对话的力量无可比拟。纵观古今中外人才教育，古希腊和中国堪称双璧。柏拉图亲自主持的"阿卡第米亚"学院，非常注重相互启发和培育个性的对话，柏拉图的老师苏格拉底也坚持对话，虽然他的书未能流传下来，但柏拉图通过对话录的方式记载了苏格拉底的言行，可见他们师徒也是常常通过对话来教学的。无独有偶，孔子被誉为人类的导师，康德说他是"中国的苏格拉底"。孔子也是以学生发问、自己回答，或者自己提问、学生各抒己见的对话方式进行教学的。孔子被称为圣人，对于这个"圣"字，杜维明在与池田对话时解释道："'圣'的繁体字'聖'，包含着'耳'和'口'，就是首先要洗耳恭听，听了之后再做出反应，所谓'聖人'，就是'对话之王'的意思。"所以，

---

① 池田大作：《我的人学》（上册），铭九译，北京大学出版社，1990，第210页。

孔子就是"对话之王"的典范。在对话交流中，语言起到了启发和引导的作用，通过发问来引发学生的思考，同时引导出每个人所蕴藏的潜能。《论语》云："不愤不启，不悱不发，举一隅，不以三隅反，则不复也。"在启发中思考，受教育者才能真正理解和吸收所教授的知识，同时还能够深刻领会老师的情感与观点。

池田在作上述演讲时还说："通过开放的对话，教育不仅能传达知识和信息，而且能克服狭隘的观点和情感……通过建立对话，大学能培育出如苏格拉底般的世界市民，探索新的综合原理。与苏格拉底同被尊为'人类之师'的释迦牟尼，在临终时最后说的话，就是催促弟子发问。

佛教从某种角度上说本身就是一场教育活动，释迦牟尼作为这场教育活动的总导师，在五十年的说法教育中，本着"教养解放出来的'敞开之心'的原则，贯彻着'敞开的对话'"，完成师徒间的交流。释迦牟尼"最后旅行的开始和终止都闪耀着言论的光彩，栩栩如生的绘画刻画出释迦牟尼'自在使用言论'的面貌"①。或许这就是语言对话真正的力量。而师生间实现"善"的传递、知识的传播，以及对事物的认知，对话应该是最好的途径。

2. 人格魅力的放射

二战时期，日本实行军国主义教育，与池田同时代的青年都是在这样可怕的教育下成长起来的。可是，二战中日本的失败给这些青年以信仰上致命的打击，一瞬间，对日本上层那些大人物的信任荡然无存，却又迷失在价值观失落的变迁之中。此时池田邂逅了他

---

① 池田大作：《21 世纪文明与大乘佛教》，池田大作中文网站 http：//www.daisakuikeda. org/cht/lecture－15. html，1993 年 9 月 24 日。

人生的导师户田城圣。在一次读书会上，他向户田提了三个平日里常思考的问题："什么是正确的人生"、"何谓真正的爱国者"、"有关天皇制"。户田明快且一针见血地给予了解答。池田回忆当时的感受说："当然，我对户田先生的回答并不能全盘理解，但却深受感动，烙印于脑海之中。换言之，从户田先生内心深处迸发出来的'生命之光'和'人格之光'照进了我的心间。"① 他还说，"与户田先生初会之际，我有一种感觉，在先生生命中所放射出来的强烈光线之前，曾令我敬佩的爱默生、柏格森的形象，犹如太阳一出，春霞就淡淡地消失了一般失去了原有的魅力。"② 池田在与恩师户田的首次对话中感受到的"生命之光"、"人格之光"的巨大能量，便是恩师户田通过言语对话散发出来的人格魅力。户田在回答池田所提出的问题时，如同演员一样，冷静思考、恰当回答，显示出的控制力量就是人格的力量。这种人格魅力强大到使以前所信任的任何哲理都变得暗淡失色，这也就是人格魅力的魅力之所在。

单纯地说一个人的人格魅力似乎显得有些空泛。对此，池田给予了回答："如果要我给这个定义勉强增添点什么……换句话说，所谓某种东西可以说是从这个人的深度和广度中渗透出来的。"心理学上将"人格"定义为一个人基本的精神面貌，是各种心理特征的总和。所以说，人格的魅力其实就是将深厚且丰富的智慧和内心世界作为基础，通过对话将基于此内心世界深刻独到的见解和情

---

① 池田大作、金庸：《探求一个灿烂的世纪》，北京大学出版社，1998，第159页。

② 池田大作、金庸：《探求一个灿烂的世纪》，北京大学出版社，1998，第161页。

感表达出来，从而震撼或感染对方。这种魅力具有稳定性和持久性，必须要有渊博的知识和丰富的经历做支持，它是联系个人综合力量的纽带。"要培养具有深度和广度的人，单凭知识和技术是不够的，知识和技术是人的属性，如果没有通过这种知识和技术的学习和锻炼，绝不可能构筑起自己深邃的内心世界。"① 所以，池田常说他把在"户田大学"中学习到的知识，当做一生的骄傲和珍宝。一个人正是在拥有渊博的知识和丰富的人生经历基础上，获得了伟大的智慧，并在一对一的对话中闪耀智慧的光芒，放射的就是人格魅力。

池田在"户田大学"学习期间，恩师户田先生每个星期天都给他做单独辅导。户田先生去世前的十年时间里，也一直这样坚持着。杜维明教授说："在单独授课中，教的人的热情和人格可以直接放射到被教的人的身上，可以进行心灵的热烈交流。"② 池田自己也说："他教学认真负责，有一股火一般的热情和魄力直接感染着我。"③ 在一对一的对话里，老师用语言阐述知识和技术的内涵，分析看待事物的观点和情感，这种直面的交流方式能够让老师的讯息最快、最准确地传达给学生，学生也能彻底、深入地理解和吸收老师所教授的内容，并且对于学生的学习状况和理解程度，老师也能够及时地把握，从而随时调整授课的具体细节。不仅如此，老师的言语方式和感情的波动都能够被学生直观地感受到，这不断变化

---

① 卞立强选编《池田大作选集》，北京大学出版社，1988，第 253~254 页。
② 池田大作、〔美〕杜维明：《对话的文明——谈和平的希望哲学》，四川人民出版社，2007，第 26 页。
③ 池田大作、季羡林、蒋忠新：《畅谈东方智慧》，卞立强译，四川人民出版社，2004，第 32 页。

的情感逐渐塑造出老师内心世界的人格，学生的情感随着老师心境的变化而变化，在共鸣中尊敬之情油然而生。"能够打动人心的是认真而诚恳的对话，接触火一般热情的人，心也会燃烧起来。"①虽然我们现在的教学不可能做到一对一，但课堂教学中应该贯穿这种理念，分阶段增加课堂以外单独指导的可能，以期最大程度上达到相应的教学效果。

3. 平等观念的培养

平等观念是和平思想的重要组成部分。而在师生关系中，池田也一直强调，用一对一的对话能够潜移默化地树立学生的平等观念。

首先，一对一的对话方式本身就可以烘托出一个平等的教学环境。在传统的教学课堂上，老师站在讲台上，学生们统一安坐在下面，所有的学生都统一接受老师的授课，这是批量化教学最快、最直接的方式，但是也部分地磨灭了人本教育的精髓和平等观念的培养。老师与学生始终以一对多的关系出现，无形中就默认了老师的权威高高在上，而学生只是众多接受者中的一分子仰视着老师，倘若教师对学生中某些优秀者加以偏爱，那么学生受教育的差异就会出现。所以，在条件许可的情况下，应把师生关系从这种传统的方式中解放出来。池田注重面对面的单独交流方式，如此，学生身份便转化为对等的交谈者，成为一个具有对话能力和独立思考能力的主体，能够与老师进行平等对话的主体。这种一对一的交流无形中就会形成平等的气氛，平等

---

① 池田大作：《新人间革命》（15），创价学会译，天地图书出版社，2006，第47页。

的环境。

其次，在一对一的对话教学中，师生关系显示的是水平式的。老师不再是知识的留声机和技术的兜售者，学生也不再是普通的听众和购买者，教师不能简单地进行"填鸭子"式的知识灌输，而是化主体为客体，由一名主讲人变身为辅助的启发者；学生在对话中，也具有了独立思考的能力，对于老师所说的知识不是简单的接受和记忆，而是吸收、思考、反应并得出自己的结论，同时还可以将自己所思所学与老师探讨。在这一过程中，双方是水平式的来回，没有等级的差别，学生学习的过程也不是简单的知识复制，而是创造性地生产出属于自己的新内容。这样新型的方式是对老师的考验，也是对学生的锻炼。

池田在和莫斯科大学校长萨多维尼奇对谈时，校长说即使在公司大量解雇员工的经济危机时期，莫斯科大学毕业生也会受到企业的欢迎，他说："人才只有在一对一的品格教育中才能培养出来，学习不仅由'建筑物'组成，更需要由'师德'做支撑。"[1] 池田对此非常赞同，"教育的根本还是一对一的熏陶和交流"[2]，只有在一对一的对话熏陶下，才能呈现平等式的而非等级式的师生关系，学生的内心世界才能真正体会到平等观念的实际意义和表现，在此基础上迸发的才可能是健全的人格，这才是教育的根本之所在，它也是和平、互爱思想的基石，是世界和平的助推器。

---

[1] 池田大作、章开沅：《世纪的馈赠——章开沅与池田大作的对话》，湖北人民出版社，2011，第33页。

[2] 池田大作、〔美〕杜维明：《对话的文明——谈和平的希望哲学》，四川人民出版社，2007，第38页。

二　师生观之内容：对"善"的诱发

在池田师生观中，特别重视对学生智慧，即"善"的教育，如同佛典所说："库财不如身财，身财不如心财。"老师的教育留给孩子最重要的应该是"心财"，即智慧。所谓智慧，就是"形成人生的精神上的骨骼，归根结底恐怕是经过忘却各个具体知识这一滤纸的过滤而残留下来的精髓"[①]，它应该是凌驾于知识之上的方法和人格。

1. 知识与智慧

智慧与知识二者是辩证统一的关系。一方面，知识和智慧是两个完全不同的概念，老师在教育学生的时候要明确分清二者。池田说："时代混乱的原因之一，是混同了'知识'和'智慧'，把学到的'知识'用到什么地方去，这就是'智慧'，不管你收集了多少没有'智慧'的'知识'，它都不会产生价值，只是记住了学到的'知识'，那不过是概念。相反，'智慧'是生活，是生活的力量，是顽强生活的源泉，只有'智慧'才能获得胜利和幸福，单凭'知识'是得不到幸福的。"[②]　所以，知识只是智慧的具体表现形式而已，不能够代替智慧，智慧能够创造幸福和价值，而知识不可以。显而易见，相对于知识来说，智慧对于人的价值更大，意义更广，老师在教学过程中要特别注重智慧的教授。池田常说恩师户田先生是人生教育的导师，第一流的人生的指导者，

---

① 卞立强选编《池田大作选集》，北京大学出版社，1988，第 223 页。
② 池田大作：《人生座标》，卞立强译，商务印书馆，2003，第 15 页。

是因为户田先生给他留下的是无穷无尽的智慧,池田说:"当时所教授的每一门知识,现在基本上都忘记了,但是,先生教导我的看问题的方法,以及日常生活中思考的方法,至今仍然深深地刻印在我的脑子里,先生的教导方法绝不仅是教授作为单纯结果的知识,而是始终重视为什么会得出这种结果的思考方式"①。反之,如果教师只教授无知识的智慧,那也是行不通的,"青少年就容易产生一种被动的倾向,而且在思想、哲学上往往会流于抽象的概念"②。

另一方面,知识和智慧是一个硬币的两面,它们不可分割,相互作用。智慧虽然是更核心、更重要的部分,但是没有了知识的智慧也是空洞的,毫无意义的。池田把二者的关系比作泵与水的关系③。二者是相互依存的关系,失去其中一个,另一个也就没有存在的意义了。在现代教育实践中,必须运用各种科学知识,而知识本身在很多方面也是绝对有用的④。同时,不论追求多高深的学问,如果不提高用它来谋取自己与他人的幸福的"哲学"与"人格"的修养,那么,这种知识就不可能创造价值,甚至还会带来负面影响⑤,因为知识本身没有好坏之分,它可以为人类做贡献,也可以摧毁人类的文明,重要的是什么样的智慧

---

① 卞立强选编《池田大作选集》,北京大学出版社,1988,第223页。

② 池田大作、〔苏〕A. A. 罗古诺夫:《第三条虹桥》,中国国际广播出版社,1998,第75页。

③ 池田大作:《人生座标》,卞立强译,商务印书馆,2003,第16页。

④ 池田大作、〔英〕B. 威尔逊:《社会与宗教》,梁鸿飞、王健译,四川人民出版社,2001,第149页。

⑤ 池田大作、〔美〕杜维明:《对话的文明——谈和平的希望哲学》,四川人民出版社,2007,第112页。

操纵这些知识武器。只有在有益于人类的智慧指导下的知识才能更好地作用于人类，只有知识积累上的智慧才更明智、更光辉、更闪耀。

2. 慈悲与智慧

建立在知识和智慧之间这种辩证统一的关系上，池田认为老师在教学上要注重用智慧去引导知识的学习，也就是尽量学会使用知识有益于人类的一面，即"善"的一面，而尽量避免不利的一面，即"恶"的一面，甚至与"恶"做斗争。要能做到这一点，为师者自己首先要能够分清善恶。日莲佛法认为：师事封锁邪道，使人向正确的大恩惠之所在，正派的老师应该同各种邪道相抗衡，自我走向正道，为子生开路①。作为老师，要有把知识用作为人、为社会化、为和平做贡献的能力，它需要正确的哲学和完美的人格做支撑，这样才能领导弟子向"善"学习。

关于慈悲和智慧的关系，首先阐述一下慈悲的具体含义，池田说："在佛法上，所谓慈悲就是拔苦与乐的意思。所谓'拔苦'，就是除掉潜伏于人生命之中使之痛苦的根本原因。'拔苦'是建立于'同苦'（使痛苦相同）基础之上的，也就是把对方的痛苦的呻吟，作为自己内心的痛苦去感受，在这种共同感受的基础上，来根除这种痛苦……就是说，看到了自己以外存在的痛苦，于是自己也同样感受到痛苦。这是由高度发达的智能活动所产生的想象力。"所谓"与乐"，"按着字义是给人以快乐，问题是，真的'乐'是

---

① 池田大作、章开沅：《世纪的馈赠——章开沅与池田大作的对话》，湖北人民出版社，2011，第56页。

什么？佛法中所说的'乐'，绝不是一时的、局部的自我满足，更不是逃避现实，它意味着生命本身的快乐，即'生之快乐'。当然，物质方面的快乐也是'乐'的一部分，这是对的。但是，其中也包含着精神方面的快乐。若没有生命本身深处的充实和生命感情所发出的强有力的欢快，是不会得到真正意义上的'乐'的。从生命深处奔涌出来的纯洁的、强有力的欢乐，才是佛法说的'与乐'。"①

总而言之，慈悲就是在"同苦"的基础上根除别人的苦恼以释放出生命深处最有力的喜悦和幸福的能力，这是佛的一种高境界。那么佛法的慈悲又是如何产生智慧的呢？"我认为构成智慧的泉源的是：希望为人类做出贡献的大目的观、责任感以及慈悲。有此泉源，才能不受任何时代的变化、世间的传闻左右，培养敏锐地识破什么是真实的价值、什么是反价值的能力。"② 池田还说道："慈悲中的悲就是'同苦'的意思，因为想要拯救他人，而为如何拯救他人而苦恼。正因为拥有慈悲之心，才能够涌现出智慧。"③ 也就是说，拥有慈悲之心的人，为了拯救别人，将别人从痛苦中解救出来，于是他便要努力思考如何才能帮助他摆脱困苦，在思考的过程中就产生了智慧，正因为慈悲之心的深厚和伟大才带来了无穷无尽的智慧，同时，拥有慈悲之心才能够有鉴别

---

① 池田大作、〔英〕阿·汤因比：《展望二十一世纪》，荀春生译，国际文化出版公司，1997，第405~406页。

② 池田大作：《21世纪的大学：世界市民的摇篮》，池田大作中文网站 http://www.daisakuikeda.org/cht/lecture-27.html，2005年5月22日。

③ 池田大作：《法华经的智慧》（1），转引自《与池田大作对话文明重生》，第243页。

真实价值的力量，这就是慈悲与智慧之间微妙的联系。所以，为人师者，就是要以慈悲之心为自己人格之本，在实践中表现出无限的勇气，进而获得伟大的智慧，在自我智慧丰饶的前提下才能够实践对孩子"善"的诱发。"把万众心中的善性诱发出来，正是人本教育的使命。"① 这就是真正的人本教育，也是池田大作师生观的具体内容之所在。

三　师生观之精髓：师弟不二

池田认为，传统意义上用权威结成的师生关系，在现实中已变为来自儒教思想的单纯的礼节，变成徒具形式的过去的遗物，人生比这种师生的框框要广阔、丰富的多，当意识到这种广泛的师生关系时，友好地相互接触也会成为一种最理想的方式。也就是说，当意识到彼此既是老师又是学生这种深刻的人与人的关系来互相接触时，友好也会结出极其丰硕的果实，没有人在一切方面都是老师，也没有人在一切方面都必须作为学生来学习，在这里会无意识地出现彼此既是老师又是学生的人与人的关系②。池田不赞成以权威结成的师生关系，认为真正的师生关系应该是以"师弟不二"精神为纽带而结成的师徒友好情谊。

"师弟不二"一词首次出现于日宽上人的《观心本尊抄文段》

---

① 池田大作：《和平与教育：池田大作国际学术研讨会献词》，载于高益民主编，年智英、袁倩副主编《和平与教育——池田大作思想研究》，教育科学出版社，2010，第4页。

② 池田大作：《人生箴言》，卞立强译，中国文联出版社，1995，第141页。

中，它阐述的是佛教领域的师父与弟子的关系①。所谓"师弟不二"，就是师匠和弟子之间心意相通，师匠的理念和思想弟子能够认同、理解，继承师之伟大精神并且实践它，先辈和后辈世代相传的"不二"精神。在这样的师生关系中，联系他们的纽带并不是学术的权威或者其他，而是彼此共同的理想和奋斗的目标，是同舟共济的快乐与幸福。师弟之间的地位也是不固定的，是不停地转换的，老师希望学生能拥有和自己一样的智慧和力量，甚至超越自己，学生始终如一地支持和相信自己的老师，他们的关系更确切地说是志同道合的战友和同志的关系。因此，这样结成的师徒关系也更坚实，无法被随便摧毁，因为"联系志同道合的东西不是厉害，也不是相同的好恶，而是肉眼看不见的人性，它是最强韧的纽带"②。

1. 如我等无异的开阔胸怀

"师弟不二"精神首先要理清楚师匠与弟子之间的关系。传统的师与生之间不论是等级式的，还是平等式的，都有个体区别对待的想法。在"师弟不二"精神中，师匠把弟子看成"如我等无异"的分身。"如我等无异"是来自于佛教的用语，关于它的含义，池

---

① 关于"师弟不二"，《佛教哲学大辞典》注解为："师"，日莲大圣人是通晓丰富的分罗万象和诸多万法，日莲大圣人是一切智慧的来源，所以他才是真正的老师。"弟"，信奉日莲的佛法，并在实践中不断地实现它，走这样一个正确道路的人被称为弟子。池田在此基础上赋予了"师弟不二"精神新的内涵。这里的"师"特指池田大作本人，以及类似的池田宗教的最高教义，"弟"是指信奉池田教义的弟子和众生，"不二"是指独一无二，即弟子在自己的心中能否与弘扬的师匠之心一致，并且与师共战的誓愿。

② 池田大作：《人生寄语：池田大作箴言集》，程郁译，上海社会科学院出版社，1992，第35页。

田在《法华经的智慧》中解释说："想要把众生提高到和自己相同的地位上是佛的愿望。这里也是一样，人才教育的根本精神是人本教育，这是'师徒'的心境，当然也是因为站在自己想得到更好的成长立场上，通过'如我等无异'这一句话，决定要将他人看作和自己一样，并且培养出比自己更优秀的人才。"这里所说的"师徒"是指释迦牟尼和他的弟子们。释迦牟尼以佛的"如我等无异"的态度平等看待每一位弟子，将自己"师"的高贵身份放下，而与弟子们平起平坐，等同视之。在师徒关系里，教匠效仿释迦牟尼的这种超我境界，视学生如己，推己及人。"师匠誓愿把弟子的境界提升到和自己一样。师匠使用各种方法教导、启发弟子，让他们知道师匠和弟子原本在生命的潜能上是没有差别的，弟子也可以获得与师匠同样的智慧和力量。弟子也能达到相同的境界！不！能超越师匠，成长得更优秀——这是真正人师的愿望"。① 这就是"师弟不二"的内涵。

2. 同舟共济生死不离的奋斗

创价教育学会是在 1930 年，牧口常三郎和弟子户田城圣二人组织建立的，牧口常三郎任学会的会长，户田城圣任理事长，学会创办了时习学馆。

1943 年，由于创价学会的活动与当时日本政府的政策主张相悖，日本政府以"大不敬"罪逮捕了牧口常三郎、户田城圣以及学会的众多弟子，在政府的威逼利诱之下，许多弟子因为无法忍受痛苦而脱离了师父牧口常三郎和创价学会，但是户田城圣却一直不

---

① 池田大作：《21 世纪的大学：世界市民的摇篮》，池田大作中文网站 http：//www. daisakuikeda. org/cht/lecture‐27. html，2005 年 5 月 22 日。

离不弃地与牧口常三郎并肩战斗。同样，二战后日本经济极不景气，户田城圣的事业也非常不好，那时创价学会的大多数人因无法维持生计离先生而去，而池田却终止了夜校的学习，继续支持老师并坚持到最后。越是艰难的境遇越能考验一个人的意志，在牧口常三郎和户田城圣二人遇见真正困难的时候，离去的不能说他们不好，但留下来的人必定是有坚定的师弟信念的人，因为只有坚定的'师弟'精神才能够帮助他们渡过难关，走出黑暗。因为创价学会不断地壮大，和创价学会作对的各种势力也越来越多，因此池田被人污蔑并入狱受到无端的审判，在羽田机场送池田的户田城圣说："大作，要是，要是，你这次活不了的话，我也会马上跟着来，我会倒在你身上和你一起死。"① 弟子无论在多么恶劣，多么困苦的环境中，他们都能相信、支持老师，老师也以同样的情谊对待弟子，师徒二人用行动证明了信任二字的可贵，这生死不离的毅力并不是别的，正是师弟精神的力量，坚不可摧的力量。因为"师弟精神具有超亲情的最为崇高的根本的情谊"②。

3. 弟子继续老师未完成的事业

池田在与世界名人谈及自己的老师户田城圣时，时时刻刻都不忘加上"恩师"二字，在他看来恩师给予他的不是简单的知识和文化，更多的是恩师的精神和理想。"师弟"之间，首先不能忘"恩"，这是二者感情的基础。池田认为："恩乃在生活上互相支持帮助的一种精神的表露，人性的精髓，一度承受的恩德，不论是什

---

① 池田大作、章开沅:《世纪的馈赠——章开沅与池田大作的对话》，湖北人民出版社，2011，第44页。

② 高益民主编，年智英、袁倩副主编《和平与教育：池田大作思想研究》，教育科学出版社，2010，第258页。

么，终身都不会消失，所谓'恩'，重要的不是授的一方，而是接受一方的'心地问题'"①，只有接受的一方即弟子能够时刻记住师匠的恩德，才能够将这种"恩"传承给下一代并延绵下去。同时，为报答老师的恩德，即是感恩，感恩的实践就是要牢记老师的美名和精神，继续老师未完成之事业，即使老师去世了，肉体的存在消失了，自己的斗争也应该成为老师永垂不朽精神的延续。

创价学会在东京郊区建立第一所学校时，池田感叹道："伸一（池田大作）第一次听户田城圣说要建立学校的构想，是1950年晚秋的事，那时，户田的事业陷入困境……户田告诉伸一，创建从小学到大学的学校，实践创价教育，是牧口先生的愿望，他把实现这个愿望的任务托付给户田。'如果我这一代不行，那就靠你了，要在牧口先生所期盼的创价校舍里，建设最好的教育环境。'当时伸一在心里狠狠地发誓，做弟子的，无论如何要用自己的手建设实践创价教育的学校。"② 牧口常三郎、户田城圣和池田大作三代"师弟"，为了实践牧口常三郎的创价教育学理论不断努力，最终建立了创价大学来实践这一理论。师生共同为了伟大事业而奋斗终生的情景令人赞叹，而伟大的事业往往一代人是不可能完成的，只有这种继承精神，由老师交给学生，再交接给学生的学生，才有可能实现。

"师弟不二"精神不但包含继承精神，更包含生死不二的继续。"生死不二"是一种佛法主张，它是指"生与死是永远不变的流动的生命的两种表现形式，任何一方都不属于另一方。可以说，只有从超越时间、空间认识的'空'的角度，才能理解、掌握这

---

① 卞立强选编《池田大作选集》，北京大学出版社，1988，第268页。

② 池田大作：《新人间革命》（15），创价学会译，天地图书出版社，2006，第211页。

种生死的永恒的终极的生命。"池田在与汤因比教授讨论这一永恒性的问题时，汤因比说："'终极的精神的实体'只能理解成佛法所说的'空'的状态"①。人的寿命是有限的，但人的精神是无限的，即使肉体因为生理的原因而消失了，但精神会因后人的努力而永不磨灭。师弟精神就是弟子将师匠"终极的精神的实体"的"空"一直延续，生生不息。

对于池田"师弟不二"的精神实践，蒋忠新评价为"一场没有终点的接力赛跑"。章开沅引用庄子的话说："指穷于为薪，火传也，不知其尽也。"即以"薪火相传"的壮举来形容池田的这一师生观理念。弟子继承老师的美德，完成老师未尽之事业。不论是没有终点的接力赛还是"薪火相传"的壮举，都是对"师弟不二"精神的具体概括。它是池田大作师生观的灵魂之所在。因为有这样的灵魂，池田的师生观才能够独具特色、星光熠熠，并使他做出了令世界都为之赞叹的傲人成绩，这种精神在池田这里发扬光大，也将在池田的弟子那里代代相传。池田在看着第一届创价大学生时发现了一个巧合，牧口常三郎和户田城圣，户田城圣和池田大作年龄都相差二十八岁，"现在伸一四十岁，正好和这些学生的年龄（创价大学的第一届学生）也相差这么多"，他相信这第一届学生定会跟在自己后面，为实现世界和平而努力，想到和他们的年龄差距，伸一感叹"巧合真是不可思议"②。这个不可思议的巧合也会将池田的"师弟不二"精神一直绵延下去，实现永垂不朽。

---

① 池田大作：《成为人道的世纪：对 21 世纪的建言》，池田大作中文网站 http://www.daisakuikeda.org/cht/lecture–01.html，1974 年 7 月 1 日。

② 池田大作：《新人间革命》（12），创价学会译，天地图书出版社，2006，第 230页。

结　语

师生关系是人类生活中一种特殊的关系，不同的国度、不同的时代都有不同的诠释和实践。本文对于池田大作师生观的内涵和表现做了简要的论述，其中许多方面都值得我们加以借鉴。相信通过我们的努力，不仅能够很好地探讨池田大作的师生观，而且要在生活实践中做到继承创新，即在汲取古今中外师生间和谐壮美关系的有益成分的同时，总结出更富人情味，切实可行、富有时代气息的中国化的师生观，这是时代赋予我们的重任。

国际创价学会 SGI 纪念倡言的新解读

——以 2000~2010 年纪念倡言为中心

拜根兴　梁　山*

前　言

作为国际创价学会的创立者，池田大作先生的思想理念多以
"对话"形式公之于世。与此同时，国际创价学会每年发表纪念
倡言，无疑也是展现池田大作思想精髓的重要方式。从 1983 年
1 月 26 日发表"纪念倡言"（以下简称"倡言"）起，迄今为止
已发表近 30 篇之多。"倡言"主要探讨了世界各国所面临的诸
多挑战，并为如何战胜困难积极建言献策。另外，"倡言"还就
教育改革、环境、联合国、核武等问题发表了创价学会及池田大
作的看法。这篇篇精湛、字字珠玑的"倡言"，构筑了池田大作
和平理念和人文关怀思想体系。本稿即在现有对"倡言"研究

　* 拜根兴、梁山，陕西师范大学历史文化学院。

的基础上[①]，简要分析 2000～2010 年十一年间创价学会发表的池田大作"倡言"，力图从中诠释出世纪之初池田大作和平、人本思想的新动向。

一 纪念倡言提出的背景

1. "倡言"出笼的国际局势

历史进入 20 世纪末，伴随着东欧剧变与苏联解体，冷战结束，以此为契机，美国开始谋求一极独霸，世界敏感地区持续动荡。地区和国家间民族、社会矛盾不断激化，南北经济差距愈发明显，世界处于旧秩序崩溃、新秩序酝酿成形的大变革时期。1993 年，美国颇有声望的政治学家、哈佛大学国际和地区问题研究所所长塞缪尔·亨廷顿向世界发出了"文明的冲突"的警告，但在当时并未引起人们注意。而罗马俱乐部主席贝恰认为现代人处于一个"问题复合体"之中，即现代社会的各种问题之间是彼此纠缠和密不可分的，因而要谋求单独的、个别的问题的解决，是徒劳无功的。[②]

2001 年 9 月 11 日，美国遭受建国以来最大的恐怖袭击，死伤数千人，这不仅是美国的灾难，同样也是世界的巨大灾难。当然，

① 韦立新、余六一：《池田大作思想原点初探：以其倡言为中心》，收入高益民主编《和平与教育：池田大作思想研究》，教育科学出版社，2010。冉毅：《池田大作"和平倡言"思想要旨论析》，《井冈山大学学报》2011 年第 3 期。胡方：《池田大作的世界问题观与对策思想述评》，《与池田大作对话人类发展》，中国社会科学出版社，2012。

② 池田大作、〔意〕奥锐里欧·贝恰：《二十一世纪的警钟》，卞立强译，中国国际广播出版社，1988，第 4 页。

这也从侧面反映了美国单边主义的破产。笔者认为，21世纪是一个世界多极化不可逆转、经济全球化不断增强、世界各国竞争日趋激烈、价值理念冲突不断升级的新时代。破而后立，以此为契机，新的国际秩序开始向各国协作、共同发展、共同创建和谐世界的方向转变，全球化开始成为一种共识并为世界所接受。换句话说，世界和平是全人类的共同目标和最大心愿。毋庸讳言，就整体而言，当今人类社会的生存仍然面临着灾难性的三大威胁，即生态环境的持续恶化，贫富差距、南北矛盾的扩大，人口、宗教、民族问题引起的冲突事件不断出现。

池田大作先生密切关注世界局势的发展，并一直积极寻找解决问题的方法。国际创价学会自建立之日起，便以争取世界和平、追求人类幸福为宗旨。创价学会历年发表的倡言，是池田大作消除国际社会不和谐因素，用超越世俗之爱的价值理念和《法华经》的智慧，破除国家、民族间的猜忌与不和的伟大实践，他的最终目标就是实现全人类的自由、平等和博爱，建设真正意义上的大同社会。

2. 纪念倡言的提出及其名目

池田大作作为国际创价学会第三任会长和名誉会长，其影响力一直贯彻于学会中，在1983年第8届"国际创价学会日"上，池田大作通过国际创价学会机关报《圣教新闻》，首次发表了纪念倡言。此后，池田大作于每年1月26日，均会发表促进人类共生与发展的国际创价学会纪念倡言，在展望未来的同时，指出问题并提出解决问题的办法，这些均得到了世界有识之士的高度评价，产生了积极的影响。

进入新千年，面对世界格局的新变化以及衍生出的新问题，池田大作将自己的见解渗透于每年发表的倡言之中。由此产生了

2000 年第二十五届"国际创价学会日"纪念倡言《和平文化、对话硕果》；2001 年第二十六届"国际创价学会日"纪念倡言《生命世纪的伟大潮流》；2002 年第二十七届"国际创价学会日"纪念倡言《人学思想——全球文明的黎明》；2003 年第二十八届"国际创价学会日"纪念倡言《时代精神的潮流 世界精神的光芒》；2004 年第二十九届"国际创价学会日"纪念倡言《内在的精神革命——创建世界和平的关键》；2005 年第三十届"国际创价学会日"纪念倡言《面向新世纪——人学思想的对话》；2006 年第三十一届"国际创价学会日"纪念倡言《通向新民众时代的和平大道》；2007 年第三十二届"国际创价学会日"纪念倡言《生命的变革 地球和平的路标》；2008 年第三十三届"国际创价学会日"纪念倡言《以人性的宗教创建和平》；2009 年第三十四届"国际创价学会日"纪念倡言《人道主义竞争——历史的新潮流》；2010 年第三十五届"国际创价学会日"纪念倡言《迈向新的价值创造时代》；2011 年第三十六届"国际创价学会日"纪念倡言《奏响创造性的生命凯歌》；2012 年第三十七届"国际创价学会日"纪念倡言《建设维护生命尊严的光辉世纪》。

很显然，纪念倡言中蕴含着的池田大作的思想理念，值得我们深入探讨。倡言主题自始至终均与"人"有关，主张人道与人性，坚持"人"的"内在的精神革命"与"共生"，畅想"世界公民"和"地球文明"。除此之外，对于当今国际形势认知，倡言中也不乏真知灼见。和平与发展是当今世界两大主题，而和平对人类的命运与前途似乎更具有优先性和决定性。池田先生强调，和平是 21 世纪的大前提，是一种无与伦比且不可替代的价值，是人类所共有的思想倾向。进入 21 世纪之后，世界格局产生了新变化，池田先生在错综复杂的局势中独具慧眼，对于世界、社会以及人类自身阐述了自己的独特认知。

二 纪念倡言内容简析

1. 世纪之初的国际局势

进入 21 世纪，世界格局出现了新的变动。"9·11"事件之后，美国以反恐为名，先后发动了阿富汗战争、伊拉克战争。虽看似取得了阶段性的胜利，但恐怖袭击和自杀式爆炸事件仍然层出不穷。原教旨主义和激进民族主义有所抬头，美国深陷战争泥沼，反恐战争的最终胜利遥遥无期。

2008 年席卷全球的金融危机，是继 1929～1933 年全球大萧条之后，最严重的经济危机，对世界经济产生了巨大的消极影响。但是，除却此次金融危机不谈，在过去 10 年里，世界经济出现了新的变化，俄罗斯国力恢复，试图重振大国雄风，中国、巴西、印度、南非等新兴国家异军突起，经济发展迅速，综合国力日益增强。这些都对世界经济复苏与国际政治多极化有着积极作用。

"9·11"之后的 10 年，世界力量对比发生了历史性的变化。国际格局从"一超独大，称霸天下"演变为"一超多强，大国共治"。美国的全球战略被迫放弃了"先发制人"、"单边主义"，改采用"多边主义"和"巧实力"。"金砖四国"的崛起、俄罗斯的复苏，都决定了世界格局多极化的不可逆转。国家、民族意识不断增强，进入 2010 年，所谓"颜色革命"不断暴发，以突尼斯的"茉莉花革命"为导火线，其多米诺骨牌效应更是波及了北非、中东地区的多个国家，引发了世界范围内的广泛关注。针对这一世界局势，池田大作通过发表纪念倡言来对时事表达自己的观点和看法，了解倡言，可对研究池田大作思想的最新动态有一个直观的认知。

2. 2000～2010 年纪念倡言内容简析

2000 年之后，新旧世纪交替，世界出现了诸多问题，面临诸多挑战，池田大作称之为"全球性的问题群"。① 全球性的问题群可以概括为人与社会、人与自然、社会与社会之间的问题。这些问题与以往问题有所不同，具有全球性、综合性、普遍性等特点。而问题的解决则需要世界各国之间的合作，需要打破国家与国家之间的壁垒。这些问题的复杂性对当今国际关系提出了新的要求，有利于世界向多元化发展。针对这些问题，池田大作在纪念倡言中提出了诸多建议，值得我们学习研究。

2000 年，池田大作于第二十五届"国际创价学会日"上，发表了题为《和平文化、对话硕果》的倡言。在新旧千年交替之时，池田大作回顾了 20 世纪最后十年，冷战虽然结束，世界各地纠纷却愈演愈烈。针对联合国提出的将新千年开端作为"国际和平文化年"，又将 21 世纪最初十年定为"世界儿童建设和平与非暴力文化国际十年"，池田大作认为这是把"战争文化"变为"和平文化"的重要契机，要发挥联合国的领导作用，重组其结构，重视其权力，促进承认 CNTBT② 运动。除此之外，池田大作在宣言中还反对文化侵

---

① 池田大作、季羡林、蒋忠新：《畅谈东方智慧》，四川人民出版社，2004，第 274 页。

② CNTBT（即所谓《全面禁止核试验条约》，英文名称 Comprehensive Nuclear-Test-Ban Treaty）是 1996 年联合国通过批准的，用来辅助 CNPT（不扩算核武器条约），为防止核武器的水平扩散（增加拥有核武器国家）与垂直扩散（提高核武器性能）所制定的条约。

略，要求欧美反思其在文化等诸多领域的傲慢态度，期待"文化国际主义"到"文化民际主义"①的转变。对于人本身，池田寄希望于人格的力量，从而战胜内在与外在的差别，最终实现人性的复苏。

2001年，在第二十六届"国际创价学会日"纪念倡言中，池田大作所发表的《生命世纪的伟大潮流》则涉及了以共生与自发的精神力量建设裨益人类的新文明，推及全球的"和平主义"，认为联合国是和平等众多活动的中心且重视对话与协调，应在其领导下，解决贫困和环境问题。池田大作还对亚洲和非洲这两个地区寄予厚望，指出其在世界上的地位将会愈加重要。

2002年，虽然世界的主题是和平与发展，但前路艰难。在第二十七届"国际创价学会日"上发表的《人学思想——全球文明的黎明》中，池田大作对2001年所发生的"9·11"事件评论颇多。他认为恐怖活动是无视他人的野蛮行为，目的在于煽动恐慌与混乱情绪，人类绝不应该屈服。但对于阿富汗战争，池田却发表了不同意见，认为要断绝"连锁报复"，慎用武力，转而应复兴人学思想，确立正确的生命观，传播"中道主义"的社会理论，深入思考生命的内涵，世界各国共存共荣，各个文明之间、各个宗教之间要展开对话，平等交流。在种族、人权、消除贫穷、妇女儿童权利、全球裁军特别是核裁军以及地球宪章②运动等方面，池田大作

① 所谓"文化民际主义"是由池田大作提出，是一种以普通民众为主题的国际和平文化运动。
② 希望能与世界人权宣言同样被重视而制定的宪章，内容是环保与可持续发展的规范。为了实现此超越人种、文化、宗教，拥有普遍性的规范，国际创价学会与其他三十多个组织共同参与了此运动。

也提出了自己的观点。

2003 年第二十八届"国际创价学会日"上，池田大作发表了《时代精神的潮流　世界精神的光芒》，针对愈发紧张的伊拉克、朝鲜半岛局势，认为要冷静和克制，反对"单边主义"，坚持解决世界问题应该以联合国为中心，共同协商，最终实现世界繁荣。重申"人"之所以为"人"，在于心灵的伟大和人格的独立，指出21 世纪的世界虽然可以称为人类发展的高峰，但精神却愈发空虚化，因而要重视"人"的精神层面的建设，大力推进"人间革命"。

2004 年，面对 2003 年美国一意孤行所发动的第二次伊拉克战争，池田大作发表了倡言《内在的精神革命——创建世界和平的关键》，指出战争是治标不治本的手段，不仅对遏制恐怖活动和原教旨主义毫无裨益，反而由于战争，人类忽略了对贫困、环境破坏、传染病等关乎无数人生命的社会问题的重视。认为真正重要的是人自身的基于关怀他人的自律，而自律之心又是从家庭以及孩童时代开始的，因而培育自律的关键在于幼儿时的教育。另外，池田大作还再次重申了联合国改革的必要性和紧迫性，废除核武器的必要性和必然性。特别是关于东北亚问题，池田坚持无核化这一宗旨不动摇。对国际创价学会，更是提出要进一步推广"人间革命"和重视妇女地位。

2005 年是国际创价学会成立三十周年，池田大作提出《面向新世纪——人学思想的对话》倡言。首先对在印尼海啸中不幸罹难的民众表示了沉痛哀悼，接着，总结了这三十年中，国际创价学会所经历的风风雨雨，对作为国际创价学会的指导思想之一的人学思想做了精辟阐述和分析，抨击了影响世界和平的过激主义和排他主义。坚持通过教育，培育具有和平文化的世界公民，强调牧口常三郎"人生地理学"时至今日仍然具有重要的指导作用，并且认为，建设可持续和谐社会，不仅要树立正确的环境观，同时也要借助联合国的力量，继续推进全球裁军和废除核武运动，并通过联合国团结善良民众。而联合国要适应这一要求，改革和强化迫在眉睫。关于东亚，池田大作主张通过交流和对话，建立起真正充满信赖感的稳定秩序，最终实现真正和平。

在 2006 年《通向新民众时代的和平大道》倡言中，池田大作着眼于威胁人类的各种危机，如"卡特里娜"飓风袭击美国南部、伦敦地铁爆炸案、达尔富尔事件等全球性问题，坚信人的理性与感性，不逃避、不放弃，从日常小事做起，应乎本心。他还以蒙田为例，论证人性主义的正确性，研究和探讨渐进主义，对蒙田在人格塑造、人与人交流方面的认知表示肯定。另一方面，池田大作仍旧坚持以"人的尊严"作为强化联合国的着眼点，保障自由与人权，加强联合国大会的作用以共同应对地球环境危机。在东亚问题上，池田大作提倡亚洲首脑间的对话，在东亚构筑"不战共同体"，其中关键在于中日之间要友好共处，共同应对朝鲜核问题。

2007 年是户田城圣发表历史性的《禁止原子弹氢弹宣言》五十周年，为纪念恩师，池田大作在纪念倡言《生命的变革　地球和平的路标》中，着重论述了核武器问题。他认为应该慎重检讨朝鲜及伊朗的核开发，加强对有核国家的监督，阻止核武器的进一步扩散。对于学会本身，应继续开展和平活动，参与国际对话，推动亚洲乃至世界和平。池田大作还再次探讨了人性社会中，个体的世界观和价值观的塑造，强调精神对人的作用。

2008 年是《世界人权宣言》^① 制定六十周年，纪念倡言《以人性的宗教创建和平》中，池田大作阐述了佛教在 21 世纪所能起到的作用，并强调了人权和人性的重要性，进而引申到全人类的尊严不可侵犯，以及和平的迫切性和环境保护的必要性。

2009 年，第三十四届"国际创价学会日"上发表的《人道主义竞争——历史的新潮流》倡言中，池田大作从 2008 年秋，由美国引发的次贷危机所导致的波及全球的世界性经济危机谈起，认为"这场风暴的根源，在于人对金钱的贪欲，对这抽象而没有实体的货币的不正常执着。这正是存在于现代文明底部的拜金主义病理。冷战后，意识形态崩溃，人们尚存的一丝希望，却完全栽倒在财神爷的魔掌之中"。^② 这再次表明唯有内在精神的充实才是人类幸福的关键，应反对一切形式的拜金主义。除自 1929 年以来最严重经济危机以外，环境、能源、粮食、贫困等问题连锁式地并发，且不断恶化，这就需要全人类共同行动，加强国际交流合作，为共享和平而废除核武器，以期为全球社会争取公众利益。

池田大作在 2010 年第三十五届"国际创价学会日"上，发表了倡言《迈向新的价值创造时代》，指出虽然当代社会物质文化极为丰富，可是虚无主义和悲观主义却没有随着物质的繁荣而消散，反而愈加壮大，整个人类社会的价值观出现了缺失。因此，池田大

---

① 《世界人权宣言》是联合国大会于 1948 年 12 月 10 日通过（联合国大会第 217 号决议）的一份旨在维护人类基本权利的文献。由于该文件是由联合国大会通过的，《世界人权宣言》并非强制的国际公约，但是它为之后的两份具有强制性的联合国人权公约，《公民权利和政治权利国际公约》和《经济、社会及文化权利国际公约》做了铺垫。

② 池田大作：《人道主义竞争：历史的新潮流》，第 34 届"SGI"纪念倡言，2009。

作认为要重新恢复人的尊严感，而宗教将会在其中发挥相当重要的作用，有助于重新树立人类新价值观。另外，池田认为人类继续发展的安全保证在于全面裁军和废除核武，主张以立法形式来确认这一建议，使之具有强制性。

综上所述，2000～2010年间发布的纪念倡言，是池田大作在世纪之交对世界上诸多事物的考虑和判断，内容上既有对以往倡言的继承和发展，又有对伴随国际局势发展变化而衍生出的新问题的新估价和新探索。回顾池田大作的平生足迹以及宣言对话，可以清楚地发现池田思考和判断一切事物的根源在于"人"。池田大作师承户田城圣，又深受佛教法华宗，以及中国文化影响，因而对世间万物的是非对错判断，一直秉持着是否威胁或有损于"人"这一基准。在纪念倡言中，池田大作所谈及的内容虽包罗万象，但其关注的重点则包括世界和平、妇女儿童及青少年教育、全球裁军与废除核武、联合国改革、环境保护、文明存续和发展、人性主义、宗教作用等，简而言之即"和平、教育和环境"①。正是由于他珍视"人"，以保护"人的生命"为最高目标，因此他将重视和培养完善人格的"教育"、追求维护和保障人类生存的"和平"作为自己的奋斗目标。同样因为"人的生存"，创造新的地球文明则需要解决环境问题。世界虽然走向和平共生，但地区冲突时有发生；物质文明虽然极度繁荣，但精神文明却不断衰落。不仅如此，资源枯竭、环境污染、发展失衡等诸多问题也摆在人类面前。面对这些困境，池田大作通过纪念宣言阐明了自己的见

---

① 参考高益民主编《和平与教育：池田大作思想研究》，教育科学出版社，2010，第319～326页。

解，明确指出和平问题、环境问题等所有问题的解决必须回溯到"人类的生活方式"上去，所谓一切问题由人而生，一切问题也由人而解。

三 从新世纪倡言看池田大作思想的核心

1. 和平理念：池田大作思想的核心

在池田大作先生的各种著述、对谈、倡言中，"和平"一词出现频率极高。笔者粗略统计 2000～2010 年 11 篇纪念倡言文中"和平"一词出现达 482 次，其他出现频率较高的词语还有"对话"、"环境"、"文化"、"精神"、"生命"，分别出现 260 次、235 次、220 次、220 次、207 次。由此可见池田大作先生对人类和平的期盼之情，当然，这也是由池田大作将世界和平作为终生奋斗目标所致。

世纪之交，国际局势和世界政治出现了新变化，"和平"为人们孜孜以求，为世界翘首以待。面对这种状况，池田大作与时俱进，在各个场合畅谈和平之道，以善的启示，引导人们追求和平，扩展了自己的和平思想内涵，2000 年之后国际创价学会日的纪念倡言便是最直观的体现。

与新世纪之前的纪念倡言相比，在 2000～2010 年纪念倡言中池田大作和平观有了新的扩展，这是与时俱进的体现。在反对行使暴力、扩军竞争，主张废除核武的基础上，池田大作进一步关注恐怖主义和原教旨主义等问题。在 2000 年的纪念倡言中，池田大作要求以 NGO（非政府组织）为中心，说服世界各国签署核不扩散条约，并认为"就废除核武器这一课题，其重要性不应仅仅局限于裁军方面。废除核武器更能从根本上克服人的互不信任、憎恶和对人道主义的亵渎，而这些都是 20 世纪弱肉强食的竞争社会所遗留下来的'最大的负资产'"。① 针对美国 2001 年发生的"9·11"事件，池田大作在 2002 年纪念倡言中，着重阐述了在新格局下的见解，认为恐怖事件是对世界的挑衅，鼓励人们不要向其屈服，坚决维护"生命的尊严"，但同时要以自律精神要求自己，冷静客观，反对"以暴制暴"，主张以联合国为中心应对恐怖主义，以立法的形式对其进行制裁。号召世界各国联合起来，平等协商，团结一致解决贫穷问题、南北问题、人权问题等滋生恐怖主义的温床，摆脱文化上的优越性和排他性，主张对话交流，实现各民族、宗教间的理解和宽容，最终将地球建设成"和平"与"共生"的世界。

除此之外，他还指出恐怖行为完全无视了人类所应有的"善"的一面，无视他人，基于此，当今人类最为迫切的任务是确立充满慈悲的生命观，复兴真正的人学思想。池田大作同时认为，进入21 世纪之后，国家的强大不应单纯依靠经济和军事实力，更值得重视的是价值观、文化等软实力。他对美国在反恐名义下发动的伊拉克和阿富汗战争提出了强烈质疑，反对美国的单边主义，要求其重新回到联合国框架内。他提醒国际社会密切关注"与美国显眼的单边主义成反比，作为唯一的全球性国际协调组织的联合国机构的地基在下沉，事态令人担忧"。② 他还就联合国改革一事提出了众多建议，并特别强调"为了实现强化联合国，不只是成员国，

---

① 池田大作：《和平文化 对话硕果》，第 25 届"SGI"纪念倡言，2000。

② 池田大作：《时代精神的潮流，世界精神的光芒》，第 28 届"SGI"纪念倡言，2003。

强大的民众阶层的支援是不可或缺的"。① 而"强大的民众阶层"的培养则需要教育的支撑。

池田大作还在纪念倡言中强调了家庭对孩子的重要性，认为普及妇女和儿童教育是社会安定的关键，主张培养具有和平文化的世界公民，提出民众是 21 世纪和平与发展的主要推进力量。结束战争与暴力，实现和平与发展，在 21 世纪实现真正的大同社会，是池田大作的奋斗目标，也是其和平观的主旨所在。随着国际创价学会和池田大作在世界范围内影响力的不断扩大，作为学会指导思想的池田和平观也越来越为人们所认识和理解，并将在实现世界和平的进程中发挥重要作用。

2. "以人为本"：池田大作思想的立足点

如上所述，人们憧憬新世纪，但阻碍人类社会发展的事件却层出不穷。这十年间先后有美国"9·11"事件、印尼巴厘岛爆炸案、莫斯科人质事件、印度孟买恐怖事件、苏丹达尔富尔问题、中国的"疆独"和"藏独"事件，这一桩桩事件均表明，当今的世界政治经济格局似乎已很难适应实际状况，并在一定程度上阻碍着世界的发展。另外，区别于先前的冷战，世纪之交世界的飞速发展与固有的民族、文化、宗教、价值理念的非对称性冲突愈演愈烈，已经成为威胁人类生存、世界和平、社会和谐的新因素。如何解决这些问题？如何建构新的价值理念来维护世界和平？

对此，池田大作认为 21 世纪应是"和平"与"共生"的世纪，而实现这一夙愿和理想的关键在于人。他强调人类社会饱受战

---

① 池田大作：《内在的精神世界：创建世界和平的关键》，第 29 届"SGI"纪念倡言，2004。

争、疾病、贫困所带来的巨大灾难，时至今日，这种苦难仍旧伴随着人类，成为挥之不去的梦魇。他指出，当今世界已连成一个休戚与共的命运共同体，为了适应这种统一，就必然需要一种可以解决因利益、价值观不同所造成的困难的思想，必然需要建立一个平等、包容、尊重、和谐的环境，因此他在各个场合倡导和实践人学思想理念。基于此，世纪之交池田大作的人学思想有了新的发展，并体现在国际创价学会发表的纪念倡言上。2000～2010 年国际创价学会日纪念倡言中，论及人学思想的新理念就颇有启迪意义。

2000 年，克服"文化帝国主义"的弊病，从"文化国际主义"到"文化民际主义"，人格的力量，人性与对话；2001 年，以共生与自发的精神力量建设裨益人类的新文明，物质的进步与时代精神的倒退，"排除生命"导致 20 世纪的悲剧，提高对"生命、心灵、精神"的关注，"普遍"中的"个体"，竞争创造"道德精神"力量，希望与信赖的连带；2002 年，"自律"才是 21 世纪之枢纽，嫉恶精神与对话的复权，从无区别恐怖事件看"无人的心态"，无视他人的野蛮行为，确立防止暴力猖獗的生命观，复兴人本主义，持有坚强的心，开辟"人道竞争"时代，SGI 率先实践"文明间对话"、"宗教间对话"，摆脱种族歧视、排外主义，为消灭"贫穷"的协力合作，以"扩大对话"为口号前进；2003 年，"善"的沉默助长"恶"，"我身一人之日记文书"①，共生的精神气质，近代科学文明的歪曲及环境问题，一个人具有改变世界的力量；2004 年，基于关怀他人的自律，人权复兴运动，从被保护到

---

① 见第 28 届国际创价学会日所发表的纪念倡言，原文"此云八万四千法藏，皆悉一人身中之法门也。然则，八万四千法藏，是我身一人之日记文书"，摘自《日莲大圣人御书全集》三世诸佛总勘文教相废立，第 589 页。

做贡献，普及妇女教育是社会安定的关键，世界规模的"人道竞争"；2005 年，将分裂的世界联结起来的 SGI，造成 20 世纪悲剧的过激主义的陷阱，爱因斯坦的"灵魂的呻吟"，基于佛法的人本主义，排他主义的两个特征，培育和平文化的世界公民，联合国的人权教育计划；2006 年，跨越全球化的威胁、创建人本主义地球文明，树立不随波逐流的"坚毅个人"，蒙田——人性主义的楷模，以"人的尊严"作为强化联合国的着眼点；2007 年，重构我们的世界观，生命深处的修罗，人生的四种秩序，回归人道社会，国际对话，发展对话文化；2008 年，纪德的人道主义，人权架构，维护人的尊严；2009 年，过剩的意识形态，内在的宇宙，共享未来，对话——创造的新源泉；2010 年，价值真空的年代，宗教的作用，"善"的词汇和价值，精神斗争的熔炉，有所贡献的人生，迈向人类尊严时代。

从上述倡言中，可以看出池田大作人学思想在内容上的发展和延伸。他认为人类要想获得真正意义上的幸福，实现世界和平，就需要构建一种能立足于全人类和全球性的价值观，这种价值观将成为人类行为的基准，促进全人类的团结，使世界成为同呼吸、共命运的"命运共同体"。只有如此，人类才能超越国家、种族、肤色及意识形态的不同，实现各民族、各国家的真正联合。进入 21 世纪，随着人类科学技术的进步，人类在物理空间上的距离急剧缩短，人类联结成一个"命运共同体"的物质可能性有了极大提高，但是，精神上的隔阂却成为构筑"命运共同体"的最大障碍，物质享乐主义、拜金主义、激进民族主义与极端利己主义不断膨胀，社会环境日趋恶化，人伦道德不断堕落，整个世界在物质文明高度发达的同时，精神文明却不断衰退。池田大作回顾 20 世纪时指出

"20世纪是正义与非正义、意识形态与意识形态互相冲突竞赛的喧嚣时代"①，强调20世纪所带来的贡献，大都在于物质方面，就时代精神而言，20世纪则处于倒退状态，生命遭到了轻视，人与人、人与自然的和谐关系遭到了破坏，不仅如此，整个社会构造都出现了翻天覆地的变化，人类在现代科技面前迷失了自我，丧失了生存意义。因此，池田大作在新世纪高举人学思想这一旗帜，号召全人类站在"人"自身这一角度考虑问题，以"生命的眼光"对待他人。在池田大作看来，"在时间上，在世界史的观点上，在空间上，以全人类的视野，来思考人们的思想和行动，探寻人类共同的精神之路，我认为，'生命'就可以作为全人类的共同的视野"。②

面对世纪之交的新局面，池田强调应重新构筑"以人为本"的生命观。池田大作不唱缺乏建设性的"恐怖活动不对，报复战争也不好"这种各打五十大板的高调，而是主张找出造成这一事实的根源：贫穷、憎恨以及"无人心态"。认为一切的冲突在于人在内心深处抹杀了"他人"的存在，即只有"敌人"，而没有"他人"，这种"无人心态"完全是一种病态的心理，毫无人所应有的温情，只有满腔仇恨和自我陶醉。基于这种认知，池田大作振臂一呼，号召复兴人本主义，驱除"无人心态"，提倡对话和交流，树立尊重生命的人生观。在池田大作眼中，唯有"人间革命"才是解救之道，面对错综复杂的国际局势、日趋严峻的人类危机，外在的变革虽必不可少，但关键还在于人的精神变革，将爱人之心与众

---

① 第25届"SGI"纪念倡言，2000。
② 池田大作：《佛法·西与东》，王健译，四川人民出版社，1996，第4页。

生平等的观念植入人心，对世间万物常怀敬畏之心，坚持"生命尊严"，一切以人为本，用对话和交流来解决人类之间的纠纷和矛盾，从"小我"转向"大我"，最终实现人类的终极幸福。总而言之，池田认为，当今的全球性问题实质上是人性的危机，矛盾根源在于人类自身。而解决危机的根本方法就是高举"以人为本"大旗，坚持人性革命，舍此别无他途。现实虽然严峻，但袖手旁观更要不得。若能联合觉醒的民众共同行动，定会产生巨大的力量，掀起变革的浪潮，而这正是 21 世纪人类的使命之所在。

结　　语

纪念倡言是国际创价学会领导人池田大作为人类发展和世界和平所做出的重要贡献，其中蕴含着丰富、深邃的思想和发人深省的哲理，指出了独特而明快的解决世界危机的方式方法，故而需要认真分析探讨。本稿只是对国际创价学会 2000～2010 年发表的纪念倡言产生的背景、倡言的具体内容以及倡言所表达的池田大作的思想新表现作了简要分析。相信通过我们的诠释分析，抛砖引玉，定会引起更多研究者注意，进而关注"人"的命运，推动世界"和平"发展。

池田大作研究的意义及成果的核心内容

拜根兴*

一 池田大作思想研究的意义

池田大作先生是世界著名佛教思想家、哲学家、社会活动家、作家、桂冠诗人，他继承他的老师牧口常三郎、户田城圣的衣钵，不仅创建了创价教育体系，而且形成了系统完整的思想体系，成为人类思想文化宝库中的重要成果之一。研究池田思想具有以下几点意义。

首先，研究池田大作本人及其思想体系，对于维护世界和平、加强世界各国人民友好交流往来、共同发展具有十分重要的意义。池田大作先生终生为世界和平奔波，呼吁世界和平，为世界和平做出了重要的贡献，产生了极其深远的影响。池田大作领导的创价学会主张"为民众的幸福和世界的和平而献身"，用和平的理念感动

---

* 拜根兴，陕西师范大学历史文化学院。

92

世界，用和平的理念教化世界，使世界远离炮火和战争，这应该是研究池田大作思想的根本意义所在。

其次，池田大作思想体系中的精髓或者关键部分就是"对话"。池田大作和世界各界名流敞开心扉对话，畅谈世界发展大势以及人类发展面临的一系列问题，为人类文明发展提出自己的建议和看法，纠正和鞭挞人类社会发展过程中出现的邪恶和霸权。他和世界名流的每一次对话，都是对人类和平发展的重大贡献，犹如一道道彩虹，让人们感受到世界和人类文明的美好，也使得黑暗和邪恶无处藏身。探讨池田大作思想体系中的"对话"理念，无疑具有强烈的现实意义和深远的社会价值。

再次，池田大作对佛教《法华经》的诠释和解说，是对东方文明智慧的重大发展和高度总结，也是池田大作思想体系的重要组成部分之一。13 世纪日本佛学界日莲学说的出现和传播，丰富、发展了佛教思想和理论，而创价学会及池田大作本人对《法华经》佛学理论的进一步诠释，符合各界信众的意愿和时代的潮流，特别是"非要让成千上万的人得到幸福不可"的精神，显示出智慧和慈悲，这也正是创价学会兴旺发达的根本原因所在。探讨池田大作佛学思想，以及人本理念、和平教育思想等，对于推动佛教《法华经》思想体系的深化研究，使佛教思想的阳光和现实社会的某些需要很好地融合，促进人们思想的纯净和不断升华具有重要意义。

最后，池田大作对中日两国关系的缔结所做的贡献，以及世纪之初新的国际环境下中日关系走向，是每一个爱好和平，珍惜来之不易的中日友好关系的人们都十分关注的问题。探讨池田大作对中日友好关系的发展所做的贡献，总结中日友好造福两国人民和中日交恶对两国人民戕害的历史和现实，我们能更加体会到池田大作先生倡导中日友好的良苦用心。池田大作先生主张中日友好，符合中日两国人民的利益，不仅是在过去，而且在现在和将来，中日友好都是值得我们认真体会和身体力行的事情。

二 池田大作研究成果的核心内容

池田大作研究的成果涉及以下几个方面。首先，池田大作自己的作品。创价学会编辑出版的《池田大作全集》已经有一百余卷，内容是池田大作本人的著作，主要包括池田大作先生创作的自传体小说、诗歌和小品文，池田大作和世界名流的对话集，池田大作的摄影作品，池田大作对佛学理论的诠释和解说等。这些作品囊括了池田大作先生对世界、对社会、对人生的思考和认识，是池田大作思想的载体，也是世界各国池田大作研究者探讨池田大作思想的重要依据。也就是说，池田大作先生自己的著作，是世界各地池田大作研究者探讨领会池田大作思想的源泉，也是引起研究者特别重视的根本。

其次，现在可以看到的池田大作研究成果，可以概括为三个大的方面：其一，研究池田大作人本思想，包括对池田大作人生哲学、生命观、人性革命之诠释的探讨。其二，研究池田大作和平理念、和平思想，包括池田大作对世界和平所付出的艰辛努力，池田大作主张倾听不同理念、不同信仰人们的不同见解，通过对话、对谈的方式，加深理解和沟通，最终取得谅解和交融等。迄今为止，池田大作先生已经和世界上多达数千人对话，这些人包括政治家、作家、科学家、哲学家、宗教家等，对话的命题虽然十分广泛，但世界和平发展占很大比例。其三，池田大作创立了一整套创价教育体系，并把他的教育理念融会贯通于对学生的日常教育过程之中，形成了独特有效的创价教育思想。和平教育、幸福教育、终生教育、多元共生教育、人性教育、未来教育等理念根植于池田大作教育思想之中，闪烁着人类智慧的光芒。这三个方面共同成为池田大作思想研究的主要平台和基点，众多研究成果都是由此引发或展开的。

综合上述池田大作研究成果及其所产生的社会影响，笔者认为池田大作研究成果中的核心内容，应该是为全世界主流社会所推崇，获得世界各国一般民众支持，而且是人类社会期盼和追逐向往的东西。而这应该就是池田大作对世界和平所做的努力，即为了和平，与世界不同阶层、不同阵营、不同理念、不同族类之间展开对谈或对话。为什么如此？原因如下。

人类历史发展到 20 世纪，不仅爆发了影响深远的两次世界大战，美、苏两大集团长达数十年的冷战使许多国家被牵涉进去，对世界和平和人民生命安全造成巨大的损害；区域战争更是由于各方矛盾的激化不时擦枪走火，先后有旷日持久的中东战争，以及英阿战争、索马里战争、伊拉克战争、科索沃战争等；进入 21 世纪，在美国单边主义的淫威下，第二次伊拉克战争更加疯狂，造成的损失更为严重。虽然在此前后有联合国及相关国家政府的多方面努力，力求在战争的废墟上构筑新的、为各方均能接受的国际新秩序，但是，如何抚平战争双方及其被动或者毫无因缘被扯进战争的无辜平民因战争产生的心灵隔阂，并从根本上消除引发战争的各种因素，世界各国爱好和平的人士采取各种方式，认真对待。池田大作先生对战争深恶痛绝，这是他长期以来推动和平行动，推行

"对话"的原点。他曾多次以自己的亲身经历声讨战争。他谈到"看到母亲接到被送到缅甸战线上的长兄战死的通知泣不成声的背影时，我就下定了决心，决不能让世上的母亲们再经受这种毫无道理的悲伤"，他发誓"必须缔造一个母子能够和平、安心生活的社会"，这些就成为他随后人生的一大信条。同时，随着 20 世纪核弹等非常规武器的出现，此前人们常常提及的战争是政治与外交的延伸的经典论断似已渐为人们所遗弃。鉴于此，池田大作先生对终止战争有新的论断，这就是"放弃战争对于人类在核时代的生存是绝对必要的。一场常规战争甚至也能升级为一场核战争，因此，无战争状态对人类生存来说是必要条件"。

文化的差异和冲突，以及人为的割裂和夸大，也羁绊着当今世界不同信仰间人们的正常交往。20 世纪中期出现的犹太人和阿拉伯伊斯兰世界的摩擦，演变为以美国为首的西方基督教世界与阿拉伯伊斯兰教世界的冲突；新兴的中国艰难地走向改革开放富强之路，而西方主要国家的恐惧导致所谓"中国威胁论"甚嚣尘上，中国乃至东亚奉行的儒教文化和西方基督教文化的差异性也被无情夸大。1996 年，美国著名学者杰立塞缪尔·亨廷顿出版了著名的《文明冲突与世界秩序的重建》一书，将世界不同文明之间的摩擦乃至冲突提上了新的高度。2001 年"9·11"恐怖袭击之后，以美国为首的西方国家发起反恐行动，伊拉克独裁政权的灭亡、阿富汗塔利班政府的倒台，此后利比亚、埃及也爆发所谓革命，独裁者要么毙命，要么被赶下台，引起阿拉伯世界的恐慌与骚动。虽然恐怖大亨本·拉登已被打死，但战争及其影响并没有被消除，这似乎印证了文明之间不可调和的矛盾。但是否真的走到这种地步，难道用和平的、大家均能接受的方式就不能解决问题？

除战争与和平之外，20 世纪末短短数十年间，人类对自然的过度开发乃至破坏导致自然环境恶化，代之而来的是自然灾害的频繁发生，造成世界新的恐慌点。例如温室效应、臭氧层空洞、物种灭绝、水污染、沙漠化等问题的加深使人类对大自然的亏欠最终遭到大自然无情的报复。单就世纪之交十数年来的世界来看，不仅出现了使人谈之色变的东南亚太平洋大海啸，还出现了中东乃至东亚、中南美洲的强烈地震，以及全球温室效应带来的干旱、雨涝和疫病。人类要永久地生存下去，这些问题就必须得到解决，否则，很可能导致更大的危害，直至人类消亡。池田大作先生对此也有精辟的分析，认为这是人类对待自然的观念出现了偏差，是高度发展的科学技术被不正当利用，人类"魔性的欲望"膨胀所致，因而必须采取对话沟通的方式，从人的思想上解决问题。

上述一系列问题的出现，阻碍着地球大家庭的共同持续的发展，使世界各国乃至地区之间背离和平发展的宗旨。如何解决这些问题，进而挽救人们心灵深层的"欲望"？作为宗教思想家，池田大作先生近四十年来奔走于世界各地，宣扬自己的学说，坚持必须从人的思想上化解隔膜和冲突，解决现实存在的问题。不仅如此，池田大作先生还针对全球性问题，通过与世界各国各界著名人士进行"对话"，以此对各国政府以及民间形成心灵的震撼和影响。正如众所周知的《论语》就是收集孔子与其弟子们对话内容，传递"修身齐家，治国平天下"的理念，影响一代代中国人；柏拉图收集与其老师苏格拉底的对话，编成"对话集"，享誉西方学界；池田大作信奉的日莲大圣人也是以旅客与主人对话的方式，撰写出举世闻名的著作《立正安国论》。曾经和池田大作先生展开对话的八十五岁的历史学家汤因比给池田先生的临别赠言就是"要开拓人类的道路，就只有对话了。你还年轻，希望你今后继续跟世界的知识分子对话"。池田先生用实际行动实践着他与汤因比的约定，"对话"世界，"对话"人生。面对险恶的世界发展局势，他曾深情地说道："我认为其关键就是曾于过去的倡言中所提到的'对话'。'只有对话才是和平的王道'——只要人类历史不停止其前进，人类就不得不永远肩负这一使命。不管遭受多少冷嘲热讽，到最后也不能放弃这呐喊。"他们用其颇具影响力的"对话"，消除人们心灵的误区（包括一些政府机构人员及其决策者），对激活众生心灵的善缘，构筑理想的和平世界，产生了重大的影响。

综上，笔者认为池田大作研究成果中最核心的内容，就是探讨池田大作的和平理念，对话世界、对话人生。

家庭与社会：香峰子夫人生命的航标

曹　婷*

引　言

池田香峰子恐怕还不是一个被大家熟知的名字，对她的研究更是凤毛麟角。香峰子夫人本名池田香峰子，是国际创价学会名誉妇女部长以及日本创价学会名誉妇女部长，是一位著名的女性世界和平活动家。她还有一个更加特别的身份——日本著名的宗教思想家、社会活动家、国际创价学会会长池田大作先生的夫人。

1974 年 12 月 5 日，病重的周恩来总理在医院接见了池田大作先生和池田香峰子夫人，期待他们为中日友好做出贡献。之后几十年间，池田香峰子夫人与池田大作先生的努力极大地推动了中日友好事业的发展。

池田香峰子夫人还获得了包括中国大学在内的世界各地数百所

---

* 曹婷，陕西师范大学外国语学院。

大学授予的名誉教授、名誉博士称号以及世界一百多个城市的荣誉市民称号。

由于香峰子夫人为人低调、谦虚，多年来作为贤内助默默地支持池田大作先生的事业，所以外界对她的了解并不太多。直到2005年妇女之友出版社以采访问答的形式出版了《香峰子抄》一书，香峰子夫人才在日本国内逐渐引起人们的关注。2006年我国的作家出版社出版了中文版《香峰子抄》以后，香峰子夫人也逐渐进入了中国研究者的视线。

贾蕙萱（2004）对创价学会发展过程中香峰子夫人的作用以及奉献进行了介绍。林彩梅（2006）把香峰子夫人作为21世纪现代女性的典范，阐述了现代女性不仅要接受高等教育，提升社会地位，更重要的是要做一个"贤妻良母"，做父母的细心护士，丈夫的优秀秘书，慈爱的母亲，贤惠的娇妻，才能成为一位卓越的领导者。

为了促进对香峰子夫人的研究，作者认为有必要详细探讨香峰子夫人的事迹，以及其行为活动中闪烁着的耀眼的智慧和人格魅力。因此，本稿主要介绍《香峰子抄》中香峰子夫人关于家庭和社会的言行思想，借以抛砖引玉，吸引有志于此的同仁一起来开拓香峰子夫人研究的新领域。

一　在家庭生活中的奉献

1. 对丈夫的奉献——作为伴侣＋护士＋秘书＋战友

香峰子夫人作为一位名人的妻子，不可能像一般人的妻子那样只忙于油盐酱醋，她注定要扮演多重角色。池田大作先生曾经讲过下面一段话来表达妻子对自己的重要性。

> 妻子对我来说，是人生的伴侣，有时是护士，是秘书，又像母亲一般，像女儿或是妹妹，是最好的战友。如果要给妻子送感谢信，就会送"微笑奖"吧。它包含了所有的意义。总而言之，祝愿我的妻子身体健康，永远年轻。最了解我的真实情况的是我的妻子。最了解妻子的诚实和坚强的，我想是我。与妻子结婚，对我的人生来说，是无法替代的幸福。在那个意义上，就应该是"如果再出生在这个世界上，下一辈子，再下一辈子，永远都要关照我"吧。不过这就不是感谢信，而是委任状了……

香峰子夫人作为一名妻子，能够得到自己丈夫如此高的评价，当然有其原因和必然性。她为丈夫，为子女，为家庭所做的点点滴滴看似平凡，却折射出其可贵的人格魅力。

据说，青年时期的池田先生因为患了肺结核病，结婚的时候身体十分瘦弱，总是发低烧。户田先生[①]甚至在婚礼上语出惊人："大作也许只能活到三十岁。"结婚以后，池田先生比以前更为忙碌，根本无暇顾及自己的身体。所以照顾池田先生的日常生活，保持其身体健康就成了香峰子夫人结婚后的首要任务。

首先，香峰子夫人非常重视饮食。她在饮食方面下了很大的工夫，尽最大努力保证营养丰富并且均衡。池田大作先生由于工作非常繁忙，很少回家吃晚饭。所以香峰子夫人就想尽各种办法烹制各

---

① 户田城圣，创价学会第二代会长，池田夫妇的老师。

种蔬菜让他当消夜吃。

从以下这段话也可以看出香峰子夫人对池田大作先生无微不至的照顾。

我先生不管什么时候都是那么聚精会神，全身心地投入到对话和演讲之中。一旦结束，他整个人就累得疲惫不堪。等到演讲结束后，我就给他按摩。

我先生从大阪等地坐夜车回来，早上抵达东京站后，常常是直接就去了学会本部。我总是放心不下，因为小孩还小，我就把小孩也带上，拿着我先生要换洗的衣服去接站了。

曾经被断言活不过 30 岁的人现在已经活到了 86 岁，并且依然身体健康，笔耕不辍，依然在为了自己的信仰而奔波呐喊。这不能不说是一个令人难以置信的奇迹。当然，这更是香峰子夫人为照顾池田先生付出毕生心血的印证。从这一点上可以说，没有香峰子夫人，就没有池田大作。

香峰子夫人曾经说过，自己像是为了守护池田先生的健康而出生的。她这样表达自己作为一个妻子的决心：

我能为我先生做的最大的事情，就是让他身体健康，让他可以尽情地去工作，为此我在幕后支持他。这就是我人生的全部。

从这席话中可以看出来，对香峰子夫人来说守护并支持池田先生是她最大的幸福。这也是日本女性的传统美德。这些平凡朴实的想法也折射出香峰子夫人平凡女性可贵的人格魅力。

除了在生活上无微不至地照顾池田大作先生，香峰子夫人还在工作和事业上忘我地支持他。书中有这样一段话：

> 1960年5月3日，这一天是迄今为止最为难忘的日子——我先生就任创价学会的会长。在那以前我们过的是普通家庭的生活，到今天这种日子一去不复返了。从明天开始，我先生作为公家的人，要为大家而工作。这是我先生的使命，也是我先生所不能不做的事业，所以我要为了能让他全身心投入到事业中去而努力。我决心不管出现多么猛烈的暴风雨都要忍受下去。我并没有因为他当上了会长而特别高兴。我说"今天是葬礼"，是自己真实的心情。以这一天为界，我们的生活比起"私"的部分来，"公"的部分的比重逐渐增加了。

一位女性并不因为自己的丈夫地位显赫而自喜，并不炫耀自己头上从此将闪耀令人瞩目的光环，而是认识到丈夫舍私为公的"苦痛"以及自己肩头的重担将会愈加沉重。这确实可以称作一种无私奉献精神。

> 昭和四十年（1965年）元旦起，小说《人的革命》的连载开始了。当时，《圣教新闻》每周出版三次，但从半年之后的七月起就改成日刊了。因为是每天都连载，连星期天都没有休息，于是我就在卧室旁边的房间摆了张书桌，把稿纸也给他摆好，这样他早上一起来马上就可以动笔。我也随时准备着，以便我先生口述，我做笔录。

二楼是卧室，早上我起得早，我一起来他跟着也醒了，有时他还会在半夜三更发出指示要我必须记录下来。为了能够随时应对，我便睡在铺了地毯的过道上……在国外的时候，为了能让我先生睡好，我有时就睡在长椅上。

这些朴实而平淡的话语正好验证了中国的一句俗话：一位成功男人的背后一定有一位坚强的女人。香峰子夫人就是这样站在池田先生背后，默默无闻地支持着他，不求回报地奉献着自己的光和热。希望香峰子夫人这种无私奉献的精神，能够在今后的研究中得到进一步的挖掘和展现。

2. 对子女的奉献

《香峰子抄》中提到池田家的家训：

（1）要为别人，为社会而活着。

（2）对所有人都要诚实。

（3）信念要贯彻一生。

（4）不输比赢更重要，她能使你战胜一切。

这其实也就是池田先生和香峰子夫人所恪守的人生信条。他们这种坚定的信念必然会影响和教育到他们的下一代。

香峰子夫人对于孩子的教育也有自己的独到之处。她始终能够把孩子作为一个成人一样对待，善于倾听孩子的心声，以一种平等的对话方式来和孩子进行交流。并且无论什么事情，她都会以一种引导、培养他们兴趣的方式来教育孩子。这样不仅树立了孩子的自信心还发掘出孩子真正的兴趣爱好。因此，香峰子夫人认为，母亲自己也必须成长，否则，孩子就不可能在真正意义上成长。

　　我们始终都是让他们自由自在地成长的。希望他们健健康康的，像茁壮成长的嫩竹一样，能成为对社会有所贡献的人。儿子们长大成人以后，我们对他们说的就是"做人要诚实"。我希望他们无论如何都要活得深沉一些，对浅薄的事情要无动于衷，使人生过得深沉一些。

对于孩子的学习，香峰子夫人没有受社会风气的影响，一味地让孩子学习，而忽略了孩子人格的培养和个性的发展。正如香峰子夫人自己说的：

　　我可不是教育妈妈。我也没有对孩子说"去学习！去学习！"之类的话。我想让他们做自己想做的事情，希望他们闯出自己的人生道路，我就是按照这种想法来培养他们的。

对于孩子的教育，香峰子夫人还提到父母树立怎样的榜样对孩子教育的影响这一点。"孩子是看着父母的背长大的。父母有坚定的信念，崇高的理想，高尚的情操这些自然会影响到孩子"。

此外，香峰子夫人还强调父亲在孩子心目中的地位的重要性。父亲可以给予孩子们理想和希望。池田先生由于工作繁忙常常不在家，他和孩子交流的时间十分有限。即便如此，香峰子夫人还是把父亲的形象牢牢地树立在了三个孩子的心中。香峰子夫人真正起到了孩子和父亲之间交流桥梁的重要作用。

池田先生非常疼爱孩子，不管孩子想要什么礼物都会答应，之后再告诉香峰子夫人，所以往往是香峰子夫人准备好后，再找机会放在孩子们各自的桌子上。有时甚至是香峰子夫人提前替池田先生准备好很多可能送给孩子们的礼物，以备"不时之需"。所以，从小到大孩子们一直非常爱戴自己的父亲，一家人始终亲密无间。可以说这一切都应归功于香峰子夫人。

另外，香峰子夫人还十分重视节俭。

> 居家过日子的基本首先是不要浪费东西，我们连一粒大米都没有浪费掉。剩下的饭菜舍不得扔掉，想方设法加以利用，包装纸之类，也会折叠得整整齐齐留着再利用，绳子也要用好多次。因为有过在战争时期受苦的经历，所以对于日常生活中的节约就十分注意。

香峰子夫人作为一位妻子，一位母亲，是紧密维系家庭的纽带。她的点点滴滴的行为以及行为中透露出的智慧都凸显出了一位平凡女性所具有的高尚品质。

从某种意义上讲，在我们现代社会中，香峰子夫人这种"相夫教子"的美德正在沦丧，这导致了许多社会问题的产生。如何解决这些社会问题，笔者以为我们应该能够从对香峰子夫人的研究中得到启示。这是我们提倡开展香峰子夫人研究的重要原因。

池田先生曾论及"家庭内价值的创造"。

> 即使一家人聚在一起的时间很少，也能够制造出回忆里的家庭，这才是最宝贵的财产啊，尤其对孩子来说更是如此。用短暂的时间塑造具有数倍价值的东西，我想是能够做到的。在

家庭中，如果没有创造价值，就没有快乐。这与物质上的丰富有着质的区别，这可以说是心灵的丰富。

而这一想法也许就来源于池田夫妇实际的生活之中，或者说这种想法在香峰子夫人身上得到了完美的验证。

二　在社会活动中的奉献

香峰子夫人不仅是一位贤妻良母，而且在社会活动中也做出了很大的贡献。特别值得一提的是她是日本创价学会妇女部的领导者，对创价学会妇女部和日本妇女界做出了卓越的贡献。

池田大作曾经说过，香峰子夫人最重要的身份，是在事业上支持自己的战友。创价学会妇女部是创价学会的重要组成部分，池田会长也十分重视它。他曾经多次给予妇女部会员指导，帮助她们在生活上和工作上成熟起来，共同为创价学会的理想信念努力。作为会长的妻子，香峰子夫人理所当然地为实践丈夫所倡导的精神理念做出了表率。

香峰子夫人曾经说过下面一段话，体现出了她对妇女部会员的关心和热爱。

不管是在日本还是在海外，我都十分珍惜与那些勇敢奋斗的妇女部、女子部的人们谈心的机会。即使信仰再坚定，也会遭遇疾病或经济方面的困苦，加上周围人们的不理解等的困扰，人的意志就会松懈，就会生出很多烦恼。每当这个时候，我想我的任务就是倾听大家的苦恼。妇女部的会员真的是很忙，既要做家务，带孩子，又要工作和参加学会活动，身兼三职甚至四职是理所当然的，其中角色的转换真的不容易做到。对此我也能体会到。听大家不停地说，我很清楚她们都在拼命干。我对她们真的很敬佩。

同时，香峰子夫人还潜心学习，领悟佛经中的真谛。她的智慧和涵养，她的真诚的微笑使会员们获得勇气和鼓励。香峰子夫人曾经送给年轻女性一句话：要成为温柔的夫人，坚强的母亲，以及有能力的妇女部干部。女性会员都积极地学习她的乐观豁达、无私奉献的精神。

香峰子夫人还陪同池田先生走遍世界各国，为实现"世界和平，人类幸福"而奔波。在这些活动中香峰子夫人经常闪现出智慧和勇气。

1974 年，第一次访问中国的时候，香峰子夫人曾经说道："在日本，有人说共产主义很恐怖，所以贵国也给人很恐怖的印象。不过，通过交谈，我明白了，贵国也是一个充满爱心的有人情味的国家。"

香峰子夫人的坦诚赢得了中国方面人士的尊敬，加深了日本民众与中国的信赖关系。这一事件也生动地反映了香峰子夫人富有勇气并且坦诚直率的一面。

作为对她的赞誉和信赖，香峰子夫人被会员们选举为国际创价学会名誉妇女部长以及日本创价学会名誉妇女部长。她还获得了包括中国大学在内的世界多所大学授予的名誉教授、名誉博士称号，并获得世界一百多个城市荣誉市民的称号。这对日本妇女来说，是很大的骄傲。

结　　语

本稿主要从家庭和社会两方面介绍了香峰子夫人实现人生理想的奋斗历程。由于能力有限加上时间仓促，在论述的广度和深度上都有许多不足。这些都有待于在以后的研究中去弥补。

另外，笔者对池田思想和香峰子夫人行为活动的关系非常感兴趣。一方面，可以说池田思想影响甚至决定了香峰子夫人的行为活动；而另一方面，香峰子夫人的行为活动反过来又可能影响了池田思想的形成。二者之间的影响如何产生，又如何体现，这些问题都有待今后的研究去解决。

参考文献

[1] 贾蕙萱：《池田香峰子——在平凡中闪烁着美丽的女性》，《池田大作研究论文集》，香港社会科学出版社有限公司，2004，第 56 ~ 69 页。

[2] 池田香峰子：《香峰子抄》，主妇の友社出版，2005，第 10 ~ 56 页。

[3] 林彩梅：《二十一世纪现代女性的典范——香峰子》，《池田大作思想研究论文集》，中国文化大学池田大作研究中心，2006，第 8 ~ 19 页。

[4] 池田香峰子：《香峰子抄》，刘晓芳译，作家出版社，2006，第 6 ~ 49 页。

池田香峰子与池田大作的
家庭教育观之探讨

引　　言

　　池田香峰子恐怕还不是一个被大家熟知的名字。她是国际创价学会名誉妇女部长以及日本创价学会名誉妇女部长，是一位著名的女性世界和平活动家。她还是日本著名的宗教思想家、社会活动家、国际创价学会会长池田大作先生的夫人。由于池田香峰子为人低调，多年来作为贤内助默默地支持池田大作先生的事业，所以外界对她的了解并不太多。直到 2005 年妇女之友出版社以采访问答的形式出版了《香峰子抄》一书，她才在日本国内逐渐受到人们的关注。2006 年我国的作家出版社出版了中文版《香峰子抄》以后，池田香峰子也逐渐进入了中国研究者的视线。

　　1952 年池田香峰子和池田大作结婚后，除了在生活上无微不

---

* 曹婷，陕西师范大学外国语学院。

至地照顾池田大作，还在工作和事业上忘我地支持他，同时还承担起了孩子家庭教育的重任。她的家庭教育活动以及理念必然会受到池田大作教育观的影响。

池田大作在其众多的著作、演讲中多次提及他的教育主张。在关于池田大作教育思想的研究中，从其教育理念和实践进行分析的论文较多，但是对其家庭教育观的分析研究并不多见。刘琨辉教授曾较为系统地探讨了池田大作家庭教育理念的本质和内涵[①]。池田大作对于婚姻、家庭的主张散见于《女性抄》（1971）、《妇女抄》（1974）、《人生抄》（1983）等著作中。

一方面，池田香峰子是池田大作最忠诚的支持者和池田思想的践行者，另一方面，任何一种思想或信念的形成绝不是凭空想象出来的，而是来源于实践，有其客观依据和社会背景的。池田香峰子的优秀品德以及所作所为也必然会或多或少地对池田大作的思想和信念的形成产生影响。毋庸置疑，在池田先生的思想和信念中最容易受到池田香峰子影响的应该是其家庭教育观。本稿拟通过分析池田香峰子的家庭教育活动、理念与池田大作的家庭教育观的关联性，论证池田香峰子对池田大作家庭教育观形成的影响和贡献，从而进一步揭示出池田香峰子的人生价值和意义。

一　池田大作的家庭教育观

众所周知，池田大作的教育思想是立足于创价教育的理念去寻求大众的幸福。他所期待的 21 世纪教育，就是要从"为了国家或

---

① 　参见上述刘琨辉《池田大作家庭教育理念探讨》论文。

社会的教育"的思想中摆脱出来，转变为"社会一切为了教育"。
池田大作强调 21 世纪是人本教育的世纪，应该重视"吾—汝关系"，所谓"世纪教育"就是人人能享幸福的"生命尊严的地球社会"。开发人的无限可能性，凝聚众人的力量进行价值创造，超越自我中心主义，创造人人幸福的社会，这是 21 世纪教育的使命。

池田大作的教育观中家庭教育占据着其他任何教育都无法替代的重要地位。在池田大作与杜维明的对话中，杜维明指出："应该在每个人自己内部建立互相称赞、多样性的生活方式，这是家庭生活中要培养的。把在家庭建构的调和共生的精神扩充到社会、世界。"池田大作进一步强调说："家庭革命才是社会变革的关键——家庭需要尊重每一个小孩的人格，互相尊敬，对社会开放，重视对于他人的贡献或献身。"① 他强调"教育"是父母留给子女的最宝贵的财产，子女的教养、学问以及人生观等会令他们终身受益，所以家庭教育极其重要。池田大作在《21 世纪的教育和人》的序文中特别指出"家庭教育"、"国际人教育"、"心的教育"为 21 世纪教育的重点，由此可以看出他对家庭教育的重视程度。

池田大作虽然没有系统地阐述自己的家庭教育观，但是其多部著作中都有涉及。在此我们简要归纳为以下几点。

1. 母亲是家庭教育的基石

池田大作认为孩子是未来的希望，是"照亮未来的太阳"②。因此，父母以及教师应该为了孩子的成长付出心血和汗水。他特别强调母亲的重要作用，指出"母亲是最高的教师"③。身为母亲应

---

① 池田大作、〔美〕杜维明：《对话的文明》，第三文明社，2007，第 24 页。
② 池田大作：《新女性抄》，第三文明社，2003。
③ 池田大作：《女性抄》，第三文明社，1971。

该认识到家庭是教育子女最重要的场所，充分意识到自己肩上的重担和责任。母亲的家庭教育是孩子健全人格形成的基础，"母亲的慈爱是'希望的太阳'"。"太阳一方面发出无限慈爱的光辉，同时每天又准确地刻画着规律。在家庭教育中，聪明母亲的充满慈爱的太阳，将成为对社会做出贡献的光源。"①

池田大作还主张"父慈母严"，认为无论母亲多么严格，只要母爱存在，孩子们就会接受母亲的教诲和批评。他强调母亲未必需要有学问，平凡而伟大的母亲处处可见。"是不是伟大的母亲，要由'挂念小孩的心'有多深、多大来决定。"母亲对家庭的付出是必要的，也是值得尊敬的。

2. 重视孩子的人格教育

人格教育是家庭教育最重要的组成部分，"教育不应该偏重知识，要锻炼身心，培养圆满的人格"。② 如果人格有缺陷，即使学问再好也无法实现教育的真正目的和初衷。池田大作对于人格的诠释包括"坚强正义之心"、"必胜之信念"、"谦虚、忍耐"、"勇敢的挑战"、"率直的心"、"人性"、"心、知性、身体的调和"。这些品质不仅需要父母言传，更需要身教。"父母的身教确实是胜于言教。（略）遇到适当的机会，希望父母能严肃地要求他们记住一个信念，那就是一个人的生命比全宇宙所有的财富还要宝贵，要有勇气保护这种生命的尊严，要为和平与正义而采取行动。"③

---

① 池田大作：《新女性抄》，卞立强译，上海财经大学出版社，2004，第105～106页。

② 池田大作：《母と子の世紀》（1，2，3），第三文明社，2001。

③ 池田大作：《新女性抄》，卞立强译，上海财经大学出版社，2004，第124页。

3. 维护孩子的尊严和自立

池田大作以自身的生活体验、感悟以及从事教育活动的经验为基础，以对人性的认识为依据，敏锐地指出教育的本质是为了生命的发展，要尊重人及其生命尊严，尊重学生的个性。"人和生命的尊严是教育的出发点和归宿，一切教育必须根基于此，这是教育的普遍性要求"①。当然家庭教育也不例外。在他的眼里，孩子是具有无限可能性的"宝贝"，都充满着希望。维护孩子的尊严，给予他们勇气、力量和智慧，是家庭教育的重要内容。

另外，他还强调孩子非父母的所有物，拥有与大人"对等的人格"，需要让孩子自立，家庭教育的根本是"帮助孩子自立"。

4. 培养孩子的创造性

培养孩子的创造性是父母的责任。教育应通过培养人的创造性和智慧来创造价值。"另一个问题是教育仍然过于偏重传授知识。我至今仍然认为，教育在传授知识的同时，必须要启发智慧因为知识并不直接等于价值。把知识转化为价值的是具有完整人格的人类的智慧，是创造性。"② 这种思想在家庭教育上体现为"'创造性'是透过人与人的互动来培养的。只有在时而严格，时而温柔的灵魂的互动中，才能使创造的生命如泉水般不断涌出"。③ 培养孩子的创造性需要父母的关爱、包容和鼓励。

---

① 黄富峰、冉毅：《池田大作教育伦理思想的基础》，《与池田大作对话人类发展》，中国社会科学出版社，2012，第242页。

② 池田大作、〔美〕亨利·A. 基辛格：《和平、人生和哲学》，卞立强译，中国国际广播出版社，1988，第30页。

③ 参见上述刘琨辉《池田大作儿童教育理念探讨》论文。

二 池田香峰子的家庭教育活动及理念与池田大作的家庭教育观的联系

池田香峰子作为池田大作先生的妻子，注定要扮演多重角色。池田大作先生曾经讲过以下一段话来表达妻子对自己的重要性。

> 妻子对我来说，是人生的伴侣，是护士，是秘书，又像母亲一般。像女儿或是妹妹，是最好的战友。如果要给妻子送感谢信，我会送"微笑奖"，它包含了所有的意义。总而言之，祝愿我的妻子身体健康，永远年轻。最了解我的真实情况的是我的妻子。最了解妻子的诚实和坚强的，我想是我。与妻子结婚，对我的人生来说，是无法替代的幸福。从那个意义上讲，那么"如果再出生在这个世界上，下辈子，再下辈子，请永远都要关照我"。不过这就不是感谢信，而是委任状了……

据说，青年时期的池田先生因为患了肺结核病，身体十分瘦弱，总是发低烧。户田先生①甚至在婚礼上语出惊人："大作也许只能活到三十岁。"结婚以后，池田先生比以前更为忙碌，根本无暇顾及自己的身体。所以照顾池田先生的日常生活，保持其身体健康就成了香峰子夫人结婚后的首要任务。香峰子夫人曾经如此表达她作为妻子的决心："我所能为我先生做的最大的事情，就是在背后支持他，使他能够身体健康，全力以赴地投入工作。这已经成了

---

① 户田城圣，创价学会第二代会长，池田夫妇的老师。

我人生的全部。"

在夫人无微不至的照顾下，曾经被断言活不过 30 岁的池田大作现在已经活到了 80 多岁，并且依然身体健康，依然在为自己的理想奋斗不息。没有谁能比池田大作更深刻地认识到妻子存在的重要性。这也许是池田大作一直赞美妻子、赞美女性力量的重要原因吧。

香峰子夫人不仅是妻子，更是母亲，是家庭的重中之重，是维系家庭和睦的纽带。由于池田大作工作繁忙，经常不在家，和孩子交流的时间少，抚育孩子的重任就落在了香峰子夫人的肩上。她竭力将池田大作作为父亲的可敬形象树立在孩子心目中。池田大作非常疼爱孩子，经常答应送给孩子礼物，但是这些礼物往往是香峰子夫人准备好后找机会放在孩子们的桌子上。甚至有时她会提前替池田大作准备好礼物，以备"不时之需"。所以，孩子从小到大一直非常尊敬和爱戴自己的父亲。据说有一次学校老师家访时问孩子长大后准备做什么，三个孩子异口同声回答要成为像父亲一样的人。可见池田大作对孩子身心成长的影响之大。这一切都应归功于香峰子夫人的家庭教育理念。她认为这归根到底是"父母树立怎样的榜样来对孩子进行教育"的问题。这与池田大作主张的"父母行为非常重要，要教小孩'为他人出力'，当孩子了解自己对于别人有用的时候，他就会很光荣地站起来"① 这一理念是相通的。

池田大作的家庭教育观中最重要的一点就是认为母亲是家庭教育的基石，是最高的教师。她为家庭的付出非常必要，亦十分可敬。这些主张在香峰子夫人身上得到了完美的印证。换而言之，香峰子夫人完全践行了池田大作的家庭教育观。

---

① 池田大作：《四季の語らい》，聖教新聞社，2002。

在孩子教育方面，香峰子夫人十分重视孩子的人格教育。《香峰子抄》中提到过池田家的家训：1. 要为别人、为社会而活着；2. 对所有人都要诚实；3. 信念要贯彻一生；4. 不输比赢更重要，她能使你战胜一切。这其实也就是香峰子夫人所恪守的教育理念。这些理念必然会影响到孩子，使他们的人格和灵魂更加健全。

她还十分注意维护孩子的尊严和自立。《香峰子抄》中谈到，早上孩子由于睡懒觉来不及念经就去上学，香峰子夫人考虑到上学前批评孩子的话，反而会伤害他的自尊心，产生不好的效果，因此还是面带笑容，心情舒畅地送走孩子，并告诉他："妈妈会把你要念的内容认真念好的。"如此一来既教育了孩子，又维护了他的尊严，使孩子在母亲的关爱下反思，成长。

香峰子夫人始终能够把孩子作为成人来对待，善于倾听孩子的心声，以一种平等的对话方式来和孩子进行交流。这样不仅维护了孩子的自尊心，更加培养了他们自立的性格。"我们始终都是让他们自由自在地成长的。希望他们健健康康的，像茁壮成长的嫩竹一样，能成为对社会有所贡献的人。"①

当孩子长大要考大学时，作为母亲当然希望孩子进入池田大作创建的创价大学学习。但是，她并没有阻止孩子们做出自己的选择，而是最大程度上尊重孩子的意愿。结果，大儿子考取了庆应大学，而二儿子和小儿子最终主动选择了创价大学。这些都体现了香峰子夫人维护孩子的尊严和自立的理念。

对于孩子的学习，香峰子夫人没有受社会风气的影响，一味地让孩子学习，而忽略了孩子个性的发展和创造性的培养。正如香峰

---

① 池田香峰子：《香峰子抄》，刘晓芳译，作家出版社，2006，第70~71页。

子夫人自己说的：

> 我可不是教育妈妈。我也没有对孩子说"去学习！去学习！"之类的话。我想让他们做自己想做的事情，希望他们闯出自己的人生道路，我就是按照这种想法来培养他们的。①

这些言语充分反映出了她对培养孩子创造性的重视。

另外，香峰子夫人绝对不允许孩子们搞特殊。她认为，自己是庶民的一员，儿子也要做一个庶民，零花钱跟一般家庭差不多，零花钱不够买想要的东西的时候，就让孩子去勤工俭学。勤工俭学对孩子们来说是一个很好的锻炼。她就是这样在包容、关爱以及严格教育中培养着孩子的创造性。

由上观之，重视孩子的人格教育，维护孩子的尊严和自立，以及培养孩子的创造性，这些行为和理念与池田大作倡导的家庭教育理念完全一致。香峰子夫人的这些家庭教育活动及理念绝非孤立的，而必然是与其丈夫池田大作共同探讨和摸索的结晶。因此，香峰子夫人的家庭教育理念与池田大作的家庭教育观一致不是偶然，而是一种必然。

不过，在此我们想换个角度思考，是否可以反过来说香峰子夫人的家庭教育活动及理念是池田大作家庭教育观形成的重要源泉之一呢？

池田大作是世界著名的佛教思想家、哲学家、教育家，池田大作思想除了吸收佛教、儒教以及各位先贤哲人的思想外，其在社会

---

① 池田香峰子：《香峰子抄》，刘晓芳译，作家出版社，2006，第77页。

实践中的探索、体验以及冥思也是其思想形成的重要源泉。香峰子夫人的家庭活动以及理念是他的生活的重要组成部分，也必然是其体验生活、产生冥思、升华思想的源泉之一。池田大作的教育观是一个庞大的、全面的思想体系，家庭教育观只是其中的一个组成部分，而这部分正是香峰子夫人最能够为池田大作思想的形成和完善做出贡献的领域。

结　语

本稿在概括了池田大作家庭教育观的基础上，通过分析池田香峰子夫人的家庭教育活动及理念与池田大作教育观的关联性，揭示出两者的教育观一致绝非偶然，而是必然的。池田香峰子夫人作为池田大作最忠诚的支持者和池田思想的践行者，其家庭教育理念必然隶属于池田大作教育观。

但是，作者同时指出了池田香峰子夫人的家庭教育活动及理念也应该是池田大作家庭教育观形成的重要源泉之一。作为池田大作的伴侣、护士、秘书以及最好的战友，她的优秀品质和人格魅力必然会被池田大作吸收到他的思想体系之中，成为完善其思想体系的重要因素之一。从这个意义上来讲，对池田香峰子的研究是研究池田大作思想的新视点。

"创造型家庭"：简析池田
香峰子的家庭观

曹　婷*

一　池田香峰子其人

　　池田香峰子（原名为"白木かね"，"白木"为姓氏，同池田大作结婚之后改为池田；"かね"为名，后来由创价学会第二任会长户田城圣先生在其结婚时改为"香峰子"），1932 年出生于东京大田区的矢口渡，在家中排行第三。父亲非常顾家，几乎没怎么给家庭造成过纠纷；对礼节十分讲究，教会了池田香峰子如何待人接物。母亲勤俭持家，注重节约，摒弃浪费；母亲尊重父亲，注重父亲的权威，每次父亲归来都会组织孩子们到家门口迎接。

　　父母的一言一行在潜移默化中对池田香峰子产生了巨大影响，如其本人所说："我父亲虽然很平凡，但他对什么都很包容；母亲则是那种对于自己不喜欢的东西会明确地说出来的人。"① 正是受

---

　　*　曹婷，陕西师范大学外国语学院。
　　①　池田香峰子：《香峰子抄》，作家出版社，2006，第 10 页。

120

到来自父母的双重影响，池田香峰子注重礼仪，平易近人，但对于坏人坏事，她也敢于站出来指正，受到老师和同学的一致认可。

后来在母亲的带领下，全家加入了创价学会。母亲的这一决定对池田香峰子的一生产生了重大影响。正是在创价学会，池田大作和香峰子相知相识，并在1952年步入了婚姻的殿堂。从结婚至今，两人已经走过60年的婚姻生活，在此期间，香峰子如同护士般默默地、悉心地照顾丈夫的生活，又如同秘书般支持丈夫的工作，同时承担起养育孩子的重任，使丈夫能够不断开拓创价事业，重视孩子价值观的培养，使孩子不断开创自己的崭新人生。那么，具体而言，池田香峰子是如何构建"创造家庭"的呢？

二 模范人妻：为"箭"提供动力的"弓"

池田大作是一名富有开创精神的人，这也是吸引池田香峰子的魅力之一。对于池田香峰子，池田大作曾做出这样的评价："妻子对我来说，是人生的伴侣，是护士，是秘书，又像母亲一般。像女儿或是妹妹，是最好的战友。①"池田香峰子之所以得到如此评价，大概是因为她不仅在生活上对池田大作悉心照料，更在事业上给予他极大支持。也正是由于她在各方面的努力，才使得池田大作有体力、有精力带领创价学会不断发展。

首先，池田香峰子在生活上对丈夫给予极大照顾。新婚夫妇常常相互期许"执子之手 与子偕老"，然而，对于刚满20岁的池田香峰子而言，这样的期许或许显得有些遥远。因为池田大作虽然

---

① 池田香峰子：《香峰子抄》，作家出版社，2006，第116页。

胸怀大志，但是身体虚弱，甚至还染过足以致命的肺结核，他的老师创价学会第二任会长户田城圣先生甚至曾流着泪感慨"大作也许只能活到三十岁"。但是，深爱着对方的池田香峰子并没有畏惧，而是用自己的爱努力维持着丈夫的健康。池田大作有一个习惯，如果他喜欢吃一样东西，就要把这种东西吃个够，结婚之初两人收入微薄经济拮据，加上当时物资匮乏，池田香峰子总是想方设法改善饮食，努力保障食品能够营养平衡。池田大作经常发烧，早晨一起来，她就担心先生的身体，观察他的脸色，这已经成为她每天的生活必须；有的时候为了能够让丈夫睡好，她自己就睡在铺了地毯的走廊上，在国外出差的时候甚至每晚只在长椅上睡 4 个小时；有的时候不忍看到丈夫一边忍受病痛一边努力工作，她甚至祈祷自己代替丈夫生病（结果真的生病了）。结婚时，户田城圣曾诚恳地对池田香峰子说"我就把池田交给你了"，而她并没有让户田城圣先生失望：池田大作目前 86 岁高龄，却依然活跃在各个领域。因此，正如池田香峰子自己所说"我好像就是为了守护我先生的健康而出生在世的"，她真真正正地为池田大作的健康做出了巨大努力。

其次，努力营造和谐温暖的家庭氛围。池田香峰子一直努力协调家庭运转，默默为池田大作提供着支持。如前文所述，两人结婚之后生活并不富裕。结婚后池田香峰子把自己有限的存款和从银行领取的退职金拿来做丈夫的营养费，积蓄最少时只剩下 8000 日元。[①] 即使在结婚 17 年之后的 1969 年，池田大作每月的工资是 18

①　贾蕙萱：《池田香峰子——在平凡中闪烁着美丽的女性》，《池田大作研究论文集》，香港社会，2004，第 257 页。

万日元，房租为 5 万日元，另外还要抚养孩子、支付保姆费用、孝敬父母，每月的生活也有些吃力。① 但是池田香峰子从小受到母亲勤俭节约生活习惯的影响，丝毫不浪费，连包装纸也折得整整齐齐以备循环再利用；她还充分利用在住友银行工作的经验，按照户田城圣先生的要求每天都记录收支簿（到 1969 年 3 月就已经有了 18 本②）。因此，家庭生活虽然谈不上大富大贵，倒也自有其乐。

再次，池田香峰子非常注重树立父亲的权威。池田香峰子一直非常敬重丈夫，并声称是丈夫塑造了自己。池田大作回来或者外出她总会笑脸相对。池田大作喜欢和服，她就经常穿和服③；有的时候池田大作不喜欢她的衣服，她就在池田大作不在家的时候穿，真可谓如她自己所说是在为池田大作而活着。池田大作在家的时间有限，甚至有一次孩子在作文中写到"父亲经常不在家"而引得教师家访。但是孩子们敬重父亲，并誓言努力做一个像父亲一样的人，这倒要归功于池田香峰子的悉心教导。每当池田大作回家的时候，她就会如同小时候在家迎接父亲一样，通过各房间的对讲机组织孩子们在门口笑脸迎接父亲的归来。同时，有时候池田大作出差没有时间为孩子们准备礼物，都是池田香峰子悄悄准备各种礼物，告诉孩子们是父亲专门为他们购买的。池田大作强调女性是家庭生活的纽带，而池田香峰子倒是真的如同纽带一样联系着家人，营造

---

① 《初訪問 池田香峰子さん（池田大作氏夫人）との素顔の対話》，《女性自身》，1969 年 1 月，第 50 页。

② 《創価学会会長夫人 池田香峰子さんの素顔》，《女性セブン》，1969 年 3 月，第 4 页。

③ 《妻・母・女として 創価学会会長池田大作氏夫人香峰子さん（37 才）の生活と意見》，《主婦と生活》，1970 年 1 月，第 151 页。

了和谐美好的家庭氛围。

另外，池田香峰子还是池田大作事业上的得力助手。池田大作把妻子称为"秘书"，也正在于此。1960 年 5 月 3 日，池田大作就任创价学会会长，池田香峰子对池田大作说："我认为这一天是葬礼。"① 之所以这么说，是因为从此以后池田大作的工作将更加繁忙，责任也更加重大，生活中公的部分将大大超过私的部分，从此以后普普通通的家庭生活将一去不复返，池田大作将作为"公家人"为大家而工作。因此，她把这一天称为"私"的池田大作和普通家庭生活的"葬礼"。

虽说如此，在事业上，池田香峰子也一直给予池田大作巨大支持。池田大作工作繁忙，行程紧张，而池田香峰子总是对他的行程一清二楚，并尽量配合他的节奏，使他过得轻松。池田大作为世界和平奔波不已，外事活动频繁，比如仅在 1974 年这一年，1 月份到香港，3 月、4 月去了北美和南美，5 月和 6 月前往中国，9 月到苏联，12 月再次访问中国。池田香峰子为了更好地照顾丈夫，总是形影不离地陪在他身边。如果没有她的悉心照料，很难想象池田大作应该如何应对。不仅如此，池田香峰子还要在丈夫休息的时候帮助他回复会员的信件，常常不得不忙碌到深夜。

此外，池田大作一醒来就在思考，有时会在半夜三更发出指示要池田香峰子记录下来，为了能够随时应对，她便睡在铺了地毯的过道上。尤其是池田大作在撰写《人间革命》期间根本没有休息

---

① 《初訪問 池田香峰子との素顔の対話》，《女性自身》，1969 年 1 月，第 48页。

日，池田香峰子就在卧室旁边的房间摆上桌子，以便他醒来后就可以立刻写作，而池田香峰子也随时准备着，以便池田大作口述，自己作笔录。可以说，《人间革命》的出版发行与池田香峰子的付出密不可分。

正是在池田香峰子的支持下，池田大作才得以不断开拓创价事业，带领创价学会取得长足发展。创价学会在日本主要城市开设了各级教育机构，并于1971年创建了创价大学，同时在美国、中国等世界各地创建创价办事处，使创价学会走向国际化。虽然池田香峰子没有直接带领创价学会不断发展，但是她对于池田大作所倾注的努力，却起到了间接而又必不可少的作用。

对于和丈夫的关系，池田香峰子这样描述："我认为，丈夫是太阳，而我则是因太阳的光辉才得以闪耀的月亮。如果太阳不发光了，那么月亮不也就不发光了吗？"[1] 笔者认为，这其实只应该算是她的谦虚说法而已。

日莲大圣人在佛书中写道："箭之行在于弓之力，男人的行动来自女人的力量。"而池田大作也常常说"自己是箭，妻子是弓"。如果没有箭，根本无法击中目标，弓也只能沦为一种摆设；同样，飞箭击中目标固然潇洒，但是没有弓的支撑，这一切也都无从谈起。在这种相互支撑不可分离的关系中，池田夫妇二人度过了60年的美好岁月。当被问起对妻子的"感谢状"的时候，池田大作这样说道："最深刻了解我的人是我的妻子，而最了解妻子的人，我认为应该是我。和妻子结婚对于我的人生来讲是无上的幸福。从

---

[1] 《新春スペシャル 池田香峰子夫人·結婚35年を語る》，《婦人と暮らし》，1987年1月，第96页。

这个意义上来讲，应该说'如果还有来生，下一辈子，下下辈子，请她永远照顾我'。如果这么来说的话，这就不是'感谢状'，而成了'委任状'了。"① 可见池田大作对于妻子的陪伴极为满意，池田香峰子作为妻子，真正如同"弓"一样，为丈夫和创价事业的发展提供了巨大动力。

三 慈爱母亲：太阳般的存在

作为家庭主妇，不仅要"相夫"，还要"教子"，这样才能符合池田大作所说的"作为家庭中心的女性"的要求。与一般人"父严母松"的观念不同，池田大作认为应该"父松母严"，这样才能维护孩子的尊严，促进孩子的健康发展。再加上池田大作工作繁忙，教育孩子的重任就自然而然地落在了池田香峰子身上。

池田香峰子对家庭教育极为重视，对于日本的孩子她也常常发表自己的看法。她对留学海外的日本孩子的随便、任性、胡乱花钱持批判态度。她认为是时候对家庭教育的重要性进行重新思考了。那么，对于自己的孩子，池田香峰子是如何进行家庭教育的呢？

首先是教导孩子们养成良好的品格。池田香峰子的父母对礼节的要求极为严格，受父母影响，她认为礼节是日本人不能失去的一种美德，所以在家庭教育中也尤其注意这一点。当父亲回来的时候，她总是组织孩子们到门口迎接；当送孩子上学的时候，她常常和孩子相互挥手直到看不见对方。

---

① 《特别インタビュー　池田大作　創価学会名誉会長　夫妻で築く人生》，《夫婦の友》，1990 年 1 月，第 268 页。

其次，教导孩子们"要为别人、为社会而活着""对所有人要诚实""信念要贯彻一生""不输比赢更重要"。在其影响下，大儿子为了不伤害到他人，自己宁愿骑自行车也迟迟不愿考取驾照。此外，她还认为"要求孩子只要学习就可以，孩子想要什么就给买什么。联结这种母子的只是金钱关系。"① 她鼓励孩子们勤工俭学，培养他们的独立生活能力。

再次，池田香峰子虽然对孩子们进行积极的教育引导，但也非常注重孩子们的个性发展，对孩子不发火，非常尊重其自由。尊弘小时候有一次在聚会时突然哭了起来，池田香峰子随后找他谈话并把他当做大人一样对他循循善诱地劝导，充分尊重了孩子的完整人格。池田香峰子信仰佛教，虽然她非常希望孩子们也能够拥有同样的信仰，但她也认识到这归根结底是自己的信仰，也就从来都没有过于严厉地强迫他们念经。此外，虽然她很希望孩子们能够到创价大学上大学，但也充分尊重孩子的意见，并没有做出强迫之举。总之，她不是教育妈妈，她是想让孩子们做自己想做的事情，希望他们开创出自己的人生道路。

两个孩子并没有辜负池田香峰子的教导，都开创了自己的人生，成为对社会有贡献的人：大儿子池田博正和三儿子池田尊弘都已经成为创价学会的副理事长，成为为社会做贡献的人（二儿子池田城久因病去世）。人们常说"贤明的母亲就像孩子们的太阳一样"。如此说来，池田香峰子正如同光明的太阳，为孩子们开拓自己前进的道路指明了方向。

---

① 《池田大作　創価学会名誉会長　夫婦で築く人生》，《夫婦の友》，1990，第267页。

四　在家庭生活中创造价值

有人认为，把女性限制在家庭生活中相夫教子，牺牲了女性外出工作的机会，大大限制了女性独立创造价值的可能性，所以池田香峰子是作为服从于丈夫、服务于家庭的一种被动角色而存在。笔者认为，这种观点有失偏颇。

首先，家庭生活也是一种创造价值的生产活动。在资本高速运行的今天，人们往往把"价值"等同于"经济价值"。其实，家庭生活何尝不是一种生产活动。家庭主妇在家庭中创造出良好的家庭氛围，使得家庭成员能够获得足够的休养和动力，继续开拓创造活动。池田香峰子本人对此问题发表了自己的看法。

> 人们常常把是否拥有别的工作看做"自立"的标准，但是我认为这是一种错觉。崇尚"赚钱"以及可以换算为金钱的价值的风潮，不得不让人感到是（精神）贫乏的。①

"把家庭主妇看作被动的消费者是错误的。主妇日复一日地向最重要的'生命'倾注着心血，使家庭成员重获活力。因此，主妇是重塑鲜活生命的伟大'生产者'。"因此，池田香峰子并非被动的消费者，她为丈夫和孩子们倾注了自己的生产劳动，丈夫的开拓和孩子的成长，也正是其自身的创造。

---

① 《池田大作　創価学会名誉会長　夫婦で築く人生》，《夫婦の友》，1990，第266页。

其次，池田香峰子并没有拘泥于家庭，她还作为创价学会的一员积极参加学会的相关活动，为创价学会的发展和世界和平做出了重要贡献。池田香峰子总是设身处地为他人着想，从细微处着手促进和平交往。在访华期间，她曾问起曾在日本留学、时任中日友好协会会长的孙平化先生喜欢日本的什么特产，孙平化回答说"纳豆""咸干沙丁鱼""大学薯"。在半年后再次访华时，池田香峰子特地为他准备了这些特产。池田香峰子正是以这种春风化雨的方式，默默地做着自己的工作。

池田香峰子虽平易近人，但同样也是一名内心耿直、语言坦率的人。1974年池田夫妇首次访华期间，尽管香峰子夫人一再推脱，但还是被盛情邀请发言。当时中日尚未建交，关系依然紧张。池田香峰子坦率表达了自己的真实想法："在日本，有人说共产主义很恐怖，所以贵国也给人很恐怖的印象。不过，通过交谈，我明白了，贵国也是一个充满爱心的有人情味的国家。"这次发言甚至也让池田大作捏了一把汗，但是中国方面认为发言真诚，是建立良好关系的开端。此外，她还同周恩来夫妇关系甚好，为中日邦交正常化做出了相当大的贡献。

新西兰人权斗争的核心人物凯特·谢泼德在世界上最先取得了女性参政权。她说："女性生性纯洁，可以净化政治。"池田香峰子担任国际创价学会名誉妇女部长、日本创价学会名誉妇女部长，创价学会不断发展，也和她的努力密不可分。

随着经济的发展以及女权运动的发展，外出工作的女性逐渐增多。对此，池田大作在《女性箴言》中说："今年，夫妇共同就业的比重急剧增加，这也许是政治贫困带来的生活艰难所造成的一种可悲现象。但反过来说，如果这能对提高妇女的社会地位有所裨益，当然也是一种可喜现象……我忧虑的只是：妻子和丈夫一样外出工作，结果丢掉了为妻的分内工作，从而常使丈夫处于内心不满的状态。"① 池田香峰子不仅完美地创造了和谐的家庭生活，同时也在事业方面努力发展自己，绝非附庸般的存在。

结　　语

日本创价学会强调"创造价值"，而池田香峰子在家庭生活方面也持有相同理念。她认为，家庭需要每个人的创造，并非对既成形式和流行的简单模仿②。她在支持丈夫、养育孩子、发展自己方面，都默默践行了这一家庭观。她在家庭生活中的贡献，也是绝对不容忽视的。其实，"创造型家庭"是其家庭观的一个方面，其家庭观的其他方面，依然是值得研究的课题。

参考文献

［1］児玉隆也：《初訪問　池田香峰子との素顔の対話》，《女性自身》，1969，第46页。

［2］高橋光子：《新春スペシャル　池田香峰子夫人・結婚35年を語る》，《婦人と暮らし》，1987，第96页。

［3］《創価学会会長夫人　池田香峰子さんの素顔》，《女性セブン》，1969，第4页。

---

① 池田大作：《女性箴言》，仁章译，吉林人民出版社，1986，第84页。

② 池田大作：《創価学会名誉会長　夫婦で築く人生》，《夫婦の友》，1990，第265页。

[4] 《妻・母・女として 創価学会会长池田大作氏夫人香峰子さん（37才）の生活と意见》《主妇と生活》，1970，第151页。

[5] 林幸子：《特别インタビュー 池田大作 創価学会名誉会长 夫妻で筑く人生》《夫妇の友》，1990，第265～268页。

[6] 池田大作：《女性箴言》，仁章译，吉林人民出版社，1986，第84页。

[7] 贾蕙萱：《池田香峰子——在平凡中闪烁着美丽的女性》，《池田大作研究论文集》，香港社会科学出版社有限公司，2004，第257页。

[8] 池田香峰子：《香峰子抄》，刘晓芳译，作家出版社，2006，第10、116页。

解读池田大作的恋爱婚姻观

马薇 周阳*

池田大作先生 1928 年出生于日本东京，1960 年接替户田城圣先生出任创价学会第三任会长。他不仅是一位宗教思想家、和平活动家、教育家，而且也是作家和诗人。多年来，池田先生广泛地参与国际和平、社会政治、文化教育等活动，与各国领导人、各界人士对话，为世界和平及文化教育而倾尽所能。我国自 20 世纪 80 年代开始，越来越多的学者投身于对池田大作的研究之中。通过查阅文献，我们就会发现有关池田大作人学思想的探讨研究，大多数集中在其中道思想、教育思想和人道主义思想等方面，对其恋爱婚姻观的研究却涉及甚少。事实上池田大作对于恋爱、婚姻有非常精辟的论述，他的《人生箴言》、《女性箴言》、《青春寄语》等多部著作和众多的演讲、座谈文献中，有相当多的内容涉及他对恋爱、婚姻的看法和主张。

* 马薇，陕西师范大学历史文化学院 2008 级硕士研究生；周阳，陕西师范大学文学院 2008 级硕士研究生。

随着社会的发展，经济的变迁深刻地影响着人们的社会观念和生活方式，从而也会影响恋爱、婚姻的发展变化。人们的恋爱过程和婚姻生活中出现了一些新的趋势和问题，传统的性、婚姻与家庭观念正受到严峻的考验。池田大作在其著作《女性箴言》中指出："家庭的理想形式正面临着一个巨大的变换时期，特别是现代化程度较高的国家所面临的高度产业化浪潮，毫不费力地摧毁着自古以来的家庭制度。不仅有来自外部的惊涛骇浪，各人身上萌生的自由主义和个人主义思想，也正从内部使家庭承受着破坏力。"如何面对这些变化，调整夫妻、父母与子女的关系，以及建立和谐的恋爱与婚姻模式，成了摆在人们面前的紧要问题。池田大作有关恋爱、婚姻与社会的思想可以为我们思考这些现象，解决自身恋爱、婚姻中出现的问题提供有益的帮助。本稿试从池田大作对于恋爱、婚姻的有关论述和他本人的婚姻生活来介绍其对恋爱、婚姻的观点和主张。

一　恋爱与结婚

1. 恋爱与结婚是不可分割的

恋爱，是人生的重要课题，是建筑婚姻大楼的第一道工序。美满的婚姻是恋爱的高潮，是爱情的发展和升华，是必然归宿和延续，它标志着爱情进入了一个新的阶段。然而，随着社会的发展、人们思想的转变，恋爱观趋于多样化，越来越多的年轻人将二者割裂开来。他们认为，"恋爱是恋爱，结婚是结婚，这是两回事。"池田先生就这一现象提出了自己的看法："现在的青年男女当中，有一部分人常有这样的想法，即恋爱就是恋爱，结婚就是结婚。我的想法也许是陈旧的，我不赞成他们的想法。把恋爱和结婚截然分开，我不赞同。恋爱总应该是结婚的前奏。同结婚割断的恋爱，只能是游戏。而相互之间没有爱情的结婚，是充满杀机的结合。"池田大作认为，"恋爱学"是"婚姻学"中的一个重要篇章，两者联系的紧密性不言而喻。恋爱是走向婚姻的一个考验，没有恋爱的过程，就不能拥有幸福的婚姻。

池田先生指出："你会通过恋爱而去爱一个人，如果这种爱情是真诚的，恋爱就理所当然地要向苦乐与共一辈子的婚姻发展。希望你把恋爱当作一种试金石，来检验能否真正得到幸福的婚姻。"也就是说只有通过恋爱检验的婚姻才是幸福的婚姻。"越是历经岁月，真正的爱情越会历久弥坚。"这是因为恋爱的时候没有任何负担，是自由的，父母做家务，照顾我们。但结婚以后不仅家务会成为难以忍受的负担，而且还必须共同掌管一个家庭的经济，必须做饭、打扫屋子、洗衣。还有，因为恋爱的时候两人有距离，能表现出最好的方面，看到对方的优点，以为对方是完美的人，陷入"情人眼里出西施"的状态，但是结婚以后我们常常能发现双方的不同点，小到口味和生活习惯的差异，大到思想和人生观的差异，并且很容易看到对方的缺点。由此可见，恋爱期间我们需要互相了解对方的优点和缺点。经过恋爱的过程，我们才能实现幸福的婚姻。"真诚的恋爱，必须期望着未来结出幸福的果实，必须是一种着眼于将来的建设和前进。因此，着眼于理想，踏实地立足于现实：恋爱本身应具有这样的明智。"

2. 在恋爱中塑造自己、培育自己

健康的恋爱是以互敬互爱、互相信任为前提的。爱着对方的同时，不能忽略了自己、失去了自我。池田大作认为想获得真正的爱情，就要在恋爱过程中塑造自己，不断大力地培育自己。他曾提到"不幸的恋爱"和"幸福的恋爱"。"不幸的恋爱"有两种：一种是逃避自己的恋爱，另一种是牺牲自己的成长的恋爱。"幸福的恋爱"只有很好地培育自己、充分地发展自己才能获得。他曾寄语青年人："是沉湎于恋爱之中失去自己，还是有效地运用爱情，客观地分析自己，将决定你能否通过恋爱这条飞机跑道，很好地起飞——结婚。"恋爱很自然，是互相吸引的感应。虽然开始恋爱的时候互相吸引，但在恋爱过程中迷失自我是不健康的。所以，恋爱一定要使自己发展和成长，才能获得真正的幸福。

总而言之，可以说没有恋爱的过程，就不能实现幸福的婚姻。而且，如果你想获得真正的爱情、美满的婚姻，就要塑造自己，不断大力地培育自己。

3. 结婚应慎重

恋爱是两个人的事，婚姻是两个家庭的事。恋爱是两个人的互相吸引，婚姻是两个人给对方后半生的承诺。当你做好准备的时候也要关心另一半的准备情况。设想一下以后要面对什么样的困难，遇到困难后要怎么一起解决，因为婚姻不是一秒钟的事，而是一辈子的承诺。现代社会竞争激烈，对事业自顾不暇又经历几次恋爱未果的男女，他们不愿过多耽误工作和花费精力，更不愿浪费时间、金钱因而选择闪婚。快餐式的爱情和婚姻会将婚姻家庭卷入缺乏理性的旋涡。池田大作对这种现象也提出了自己的观点："结婚是青春的终点，也是迈入幸福人生的起点。为了使自己的婚姻成为有成果的婚姻，就应抱有不急于求成的慎重态度，怀着一片诚实的心去进行恋爱。结不结婚之类的事并不能决定幸福，决定幸福的是有没有人生价值，生活得是否充实。"结婚不等于就会得到幸福，相反，急于求成的婚姻更容易受到冲击。因此，池田大作告诫青年们对于婚姻一定要慎重："结婚是青春的终点，也是奔向幸福人生的出发点。为让它结出美好果实，千万不要焦急，要慎重，要有诚意。"

池田大作指出很多大龄青年在错过了最佳结婚年龄时，在恋爱中就抱着凑合或者忽视真正的爱情而选择符合标准的人结婚。结婚是为了追求一生的幸福，婚姻是建立在彼此真心相爱的基础上的，这样的婚姻才能在日后的生活中坚不可摧。而单单因为自身年龄的原因就忽视这一点，把幸福和结婚年龄联系起来是完全错误的。他说："人的幸与不幸并不由结婚年龄等条件所决定。"他还鼓励大龄青年们："只要有明朗的人生观，有健全的观察事物的能力，虽是老处女，也不必悲观。依我看你们应当发挥自己的特长，充实个性，朝着人生的觉醒、充实自信的方向努力。"他认为人的能力的重要性，远远超过年龄和容貌。拥有任何人都信得过的人品，幸福之路自会敞开，人生也会变得有意义。

而对所谓的结婚机遇论，池田大作也阐述了自己的观点："结婚确实有所谓的机会。当然，机会不是等待的，而是自己创造的，不能为他人的意见所左右，但周围的人们为自己做了重重的考虑，这也说明各种条件正在成熟。这时有着自己明确的想法是极其重要的。不是完全遵从别人的意见，而是在听了这些意见后，自己来思考。当然不能钻牛角尖，以为失去了这次机会就再也不会有其他的机会。这是终身大事，当然要慎重又慎重。"

二 幸福婚姻的必备要素

1. 爱是保持婚姻长久的先决条件

法国评论家相符尔留下这样一句话："恋爱比结婚更讨人喜欢，小说比历史更有趣。"步入婚姻殿堂后，怎么样才能使自己的婚姻生活更加幸福美满，是值得我们每个人来思考和实践的。许多人说婚姻是爱情的坟墓，现今社会很多情侣成为夫妇之后失去了在恋爱时的激情，婚姻生活甚至变得乏味无聊、充满矛盾。池田大作认为离婚人数的增加是恋爱、结婚的道德低落所致，婚姻应该是终身的，至死不渝的。从他的婚姻观，不但可以看到现代社会婚姻的偏差，并且可以认定他主张的幸福婚姻是建立在稳固的爱情基础上的。也就是说夫妇双方经过长期的了解磨合，两人之间的爱情已经有所升华。这样的婚姻是以爱为基础的，往往比建立在物质基础上的婚姻或者所谓闪婚要牢固得多。

婚姻生活是一个男性奏出的旋律同一个女性奏出的旋律的交响乐。要使得这种和音更加丰富，应当不断地有诚实的心灵的交流。夫妇因为彼此相爱而结婚，在婚姻生活中要彼此尊重、善于交流。这种交流不仅仅是心灵的交流，言语的交流也非常重要。现实的情况往往不是"一切尽在不言中"，缺乏言语的交流和安慰，婚姻很容易出现裂痕。有一位哲人说："夫妻生活是一次长时间的对话，有时候也需要互相关怀、安慰和鼓励。"池田大作在《青春寄语》中说道："恋爱和结婚是人生之路的起点。不管前方有怎样的风暴和气流都不要动摇。在起飞之前，二人要通力合作，把机体调整好、保养好。"他认为爱是保持婚姻长久的先决条件，在此基础上互相信任、共同担当才能拥有和谐幸福的婚姻。

2. 设身处地为对方着想

池田大作认为幸福婚姻的另一个必备要素就是夫妻间设身处地地为对方着想，善于站在对方的角度考虑遇到的问题。"我想说一说结婚之后应该如何做。婚姻生活中最重要的是站在对方的立场上考虑问题。男性利己主义和女性利己主义相冲突，就会造成家庭悲剧。爱情是在相互理解之中培育成长起来的，只有两颗心融为一体，才有新的生命。"在《我的人学》中，池田大作对日本近代文豪夏目漱石自传性质的小说《路边草》进行了描述，夫妇内心的点滴误解竟导致两人关系的破裂，以此告诫夫妇在婚姻生活中应设身处地为对方着想，同时正视自己。可以说，不能变革自己的人，一生都要受到命运的摆布。"在认识人、认识社会的过程中，能控制自己的感情，能够站在对方立场上考虑问题，这是人类成长方面的重要因素"，"只要求对方，指责对方，而不反省自己，不能体谅别人，这只能日益加深彼此间的隔阂。"我喜欢 B. 罗素的这句话："众人都期望着自己的幸福，但在今天这因科学技术而成为一体的世界上，对自己幸福的希望若不能与对他人幸福的希望融为一体，则终将是一种无用的希望。"池田大作的夫人香峰子女士对于池田先生的工作给予很大的支持，甚至可以说牺牲了自己。她是这样表达自己作为妻子的决心的："我所能为我先生做的最大的事情，就是让他身体健康，让他可以尽情地去工作，为此我在幕后支持他。这就是我人生的全部。"

歌德说："不能把爱人的缺点当作优点的人，没有真正的爱。"池田大作在其《人生箴言》中也有相应的论述："要求一个人什么都好，当然是合情理的。但是，既然是选择丈夫，那就要很好地看清对方有什么缺点、有什么短处，并准备自己来弥补这些缺点、短处。有了这样的信心之后才结婚，这是很重要的。"能真正地忍耐对方的缺点并加以弥补、改变并不是一件容易的事，需要付出很大的努力，需要有很强的忍耐力。所以池田大作指出："婚姻生活是和一个没有关系的外人的共同事业，所以，可以说是一个要理解对方的'努力'与'忍耐'的过程。"

3. 有共同的奋斗目标

卡耐基告诫广大女性："和丈夫志同道合，就是婚姻美满的一个基础。"池田大作也认为："结婚不是互相凝视对方的眼睛，而是一起凝视共同的目标，共同前进。"拥有共同的目标，携手前进，也是幸福婚姻的必备要素。即使在前进过程中遇到波折、发生争执，因为拥有共同的目标，夫妇在冷静下来后也会重新开始携手向前。池田先生说："两个人都有很多缺点，所以必须要进步，必须要提高，而且应当有许多东西可以弥补彼此的缺点和弱点。我认为这里需要有一个两人能够共有的理想、目标或志向作为基础。即使互相厌烦，争执吵架，也应当回到夫妇的基点，表示'再一次共同前进'！"

在《我的人学》中，池田大作讲述了廖承志夫妇同志式的深厚情谊，他们是在相互理解和爱情中建立起共同信念和目标的夫妇，他们的恩爱锁链因为历经苦难、志同道合而格外坚固。池田大作对廖先生的夫人给予了很高的评价："与丈夫志同道合的妻子最为刚强，也最美丽。"在《新女性抄》中，池田大作也通过周总理夫妇的故事向我们说明夫妇就是"爱情"与"忍耐"的战友。周总理夫妇在长达半个多世纪的岁月中，作为战友共同经历生与死而加深了他们之间的爱情。由此，池田大作说："我认为丈夫与妻子不应只是互相关联、互相依存的关系，而更应是朝着人生大目标前进的，同一主题的共同建设者。也许夫妇这一深奥的内在含义就在于此吧。"在谈及妻子香峰子夫人的时候，池田先生说："我经常这么想，妻子是人生的伴侣，同时也应当是良友。如果是朋友，当然应当互相帮忙。受到伤害、感到烦恼痛苦的时候，要给予激励，愉快的时候应当共同高兴。"

三 对于离婚的看法

近年来，离婚率不断上升，成为一个引人关注的社会现象。随着经济社会的发展，传统的家庭价值观受到强烈的冲击，"天长地久"、"白头偕老"这类美好的字眼似乎越来越远离婚姻。对于离婚率不断增高，池田大作认为是恋爱、结婚的道德低落所致。他坚持婚姻应该是终身的，至死不渝的。他的婚姻观，不但映射了现代社会婚姻的偏差，并且表达了婚姻应建立在稳固的爱情之上的主张。拉曼纳·里德曼指出："如果一个人离婚的动机是为了解决个人的问题——在生命圈的过渡期所发展出来的枝节，或一些个人的缺陷，那么，责怪其伴侣而决定离婚并不是解决的办法，除非个人的成长同时也发生改变。"由此看来，离婚不能盲目，发现问题首先应检查自身、改变自己，尽了自己最大努力无果的情况下再考虑离婚。

池田大作认为在婚姻中出现的危机需要夫妇携手克服，经过困难考验的婚姻是最宝贵的，盲目地选择离婚是什么也解决不了的。例如看待婚姻的平淡问题，如果看作是激情的消失，那么就很有可能在新的激情过后，遭遇悲剧的轮回，新的婚姻一样是沉船；而如果把平淡看作是婚后程式化生活的结果，是秩序需要调整的征兆，那么在做出改变协调后，焕然一新的婚姻一样可以驶过太平洋。他在《人生箴言》中也指出："危险的倾向是，随着恋爱、结婚的道德低下，离婚的人迅速增多。夫妇共同努力来克服这个危机，才会产生真正的爱情。未经过这种考验的爱情，不管它是多么纯洁美丽，我认为都等同于未经磨研的钻石。"

最后，以池田大作在《心灵四季》中的一段话作为结尾："和谐的夫妻总是满怀希望共同向前的。"这句话值得我们仔细推敲、领悟并有所收获，并且把它运用在自己的恋爱与婚姻过程中。我们应满怀着喜悦和甜蜜，满载着对未来的憧憬，为争取幸福美满的婚姻而不懈努力。

参考文献

[1] 池田大作：《女性箴言》，仁章译，吉林人民出版社，1993。
[2] 池田大作：《青春寄语》，苏克新译，吉林人民出版社，1986。
[3] 池田大作：《新女性抄》，卞立强译，上海财经大学出版社，2004。
[4] 池田大作：《人生箴言》，卞立强译，中国文联出版公司，1995。
[5] 池田大作：《我的人学》，铭九译，北京大学出版社，1990。
[6] 池田香峰子：《香峰子抄》，刘晓芳译，作家出版社，2006。
[7] 池田大作：《心灵四季》，吴瑞钧、王云涛译，时事出版社，1998。

池田大作的女性观解读

马　薇[*]

　　池田大作先生 1928 年出生于日本东京，1960 年接替户田城圣先生出任创价学会第三任会长。迄今，他被誉为世界著名的佛教思想家、哲学家、教育家、社会活动家、作家、桂冠诗人、摄影家、世界文化名人、国际人道主义者。多年来，池田先生广泛参与国际和平、社会政治、文化教育等多方面活动，与各国领导人、各界人士对话，为世界和平及文化教育而倾尽所能。池田先生一贯坚持尊重妇女权利和提高妇女社会地位，在思想和行动上都支持女性运动，还著有《365 日给女性的赠言》、《新女性抄》、《女性箴言》等多部女性文学著作。他甚至热情洋溢地断言："21世纪的文明，确实是女性的文明。"[①] 作为世界著名的佛教思想家，几十年的佛法造诣和毕生为之奋斗的人类和平与幸福，使得池田先生超越了传统性别观念的牵绊，认识到女性对世界文明的发展具有

---

　　* 　马薇，陕西师范大学历史文化学院 2008 级硕士研究生。

　　① 　池田大作：《新女性抄》，卞立强译，上海财经大学出版社，2004，第 181 页。

不可替代的作用。因此要缜密地审视池田先生的人学思想，女性观便是重要一环。

一 池田大作女性观的思想基础

创价学会是日本的宗教法人，也是一个世界性的佛教团体，以日莲大圣人的佛法和生命哲学为基础，宗旨在于推进文化及教育，祈愿人类幸福、世界和平。作为这一佛教团体的现任会长，池田先生是日莲宗的虔诚信徒和领袖，他的世界观、人生观都建立在佛学理念，特别是《法华经》之上。因此，池田先生所持有的女性观也是其潜心修习佛法的体现。

佛教认为，众生同一本体，无二无别，一切众生皆有佛性，男女的性别差异是次要的，而心性的觉悟才是最主要的。《大般涅槃经》云："若人不知是佛性者，则无男相，所以者何？不能自知有佛性故。若有不能知佛性者，我说是等名为女人。若人能自知有佛性者，我说是人为丈夫。若有女人能知自身定有佛性，当知是等即为男子。"①《转女身经》上说："诸法悉如幻，但从分别生，于第一义中，无有男女相。"② 日莲宗所推崇备至的《法华经》也曾指出："我观一切，普皆平等。"③ 其中还记载了龙女成佛的掌故："文殊师利言：'有婆竭罗龙王女，年始八岁，智慧利根，善知众生诸根行业，得陀罗尼，诸佛所说甚深密藏，悉能受持。深入禅定，了达诸法，于刹那顷，发菩提心，得不退转，辩才无碍。慈念

---

① 昙无谶译《大般涅槃经》，上海古籍出版社，1991，第52页。
② 鸠摩罗什译《法华经今译》，中国社会科学出版社，1994，第920页。
③ 池田大作：《新女性抄》，卞立强译，上海财经大学出版社，2004，第27页。

众生，犹如赤子，功德具足，心念口演，微妙广大，慈悲仁让，志意和雅，能至菩提。'"① 该掌故给女性修行者带来了无限的信心和动力，也告诫年轻的妇女不要自暴自弃。和男子一样，每个妇女只要努力必定可以有所成就。池田先生也多次提及该掌故，借用它来宣扬男女平等思想："佛法特别是法华经根据生命的根本观点，主张男女平等。所谓'龙女即身成佛'，就说明了这一点。"池田先生还说："无论是女性还是男性，同样都是人。对一方稍有蔑视，都应当立即改正，基于这种思想的社会体制，当然也应当革除。"②

池田先生长期献身于和平运动之中，切身感受到人类对于世界和平的迫切需要。因此除了佛法之外，池田先生的女性观还来源于他投身于这些运动中的切身体会。世界和平是池田先生的价值追求，他几十年如一日，坚定不移地反对战争。他所崇尚的价值追求的理论基础就是人本主义的哲学观和众生平等的佛教思想。他感受到要想实现世界和平，"单凭政治力量或经济力量不可能达到这个目的"。③ 他指出："人类历史的转变，寄托在培育与保护最宝贵生命的女性的智慧与慈悲的集结上。"④ 世界和平迫切需要女性的力量，不应当在这个关键的时刻忽视女性的重要作用。而要想使得女性的力量变得更加坚强、有力，那么首先就必须实现男女平等，让男女平等的观念深入人心。池田先生还说："所谓'男女平等'，恐怕不单纯只是女性争取与男性平等的权利，而是在与军事、政治、经济力量等'硬力量'相对立的，以文化、信息、智慧为象

---

① 鸠摩罗什译《法华经今译》，中国社会科学出版社，1994，第530页。
② 池田大作：《人生问答》，卞立强译，中国文联出版社，2000，第41页。
③ 池田大作：《新女性抄》，卞立强译，上海财经大学出版社，2004，第7页。
④ 池田大作：《新女性抄》，卞立强译，上海财经大学出版社，2004，第7页。

征的'软力量'上，聪明地、生机勃勃而又顽强耐心地从底流来推动时代的变革。"① 这也正是池田先生为加强国家间理解及推动世界和平，长期从事和平运动总结出来的切身体会。这些经验使得池田先生比其他人更能体会到男女平等对于当今社会的重要意义，以及女性对于家庭、社会乃至世界和平的重要作用。

二 辩证的男女平等观

池田先生显然不是一个女性主义者。正是由于这一点，他的言论较其他女性主义者而言更具说服力。通过对池田先生女性观的审视，笔者认为和极端的女性主义者不同，池田先生的女性观，并不是建立在绝对的男女平等观念之上的。他所持有的是相对的男女平等观，也就是辩证的平等观。

池田先生指出："仅强调女性有女性的人生，不必效仿男性；或者相反，认为女性与男性完全一样，稍作差别对待就是蔑视女性。我认为这两种主张都是不正确的。"池田先生认为男女平等是根据人的本质和特有的机能来共同实现的："人虽然是完全平等的，但是在机能方面，确实有着不同的特质。"② "社会应当实现的男女平等，我认为是男女能发挥其各自特质的机会平等，以及由此而产生的报酬平等。"③ 松下幸之助先生在与池田先生的对话中也对这种观点予以支持："男女本来就起着不同的作用，这些作用都

---

① 池田大作：《新女性抄》，卞立强译，上海财经大学出版社，2004，第190页。

② 池田大作：《人生问答》，卞立强译，中国文联出版社，2000，第41页。

③ 池田大作：《人生箴言》，卞立强译，中国文联出版社，1995，第62页。

同样是尊贵的。"① 池田先生认为，人的本质都是一样的，仅就这一点来说应做到人人平等、男女平等、绝对的平等，但是男女所具备的机能不同，因此要依据各自的特质去做力所能及的对家庭、社会有贡献的事情。池田先生在其著作中也曾提到世界著名的小提琴演奏家梅纽因的观点："当然我并不认为主张男女平等，就要让女性到军队去，到矿山去，和男性干一样的活。因为女性应该有不同于男性的开拓自己人生的方法。"②

池田先生不仅表达了自己的相对男女平等观念，还对绝对的男女平等观念进行了强有力的批判："当女性对男性怀有一种竞争意识时，她们自己就已经制造了男女间的差别。"③ "在妇女解放运动中，有一部分具有极端思想的人，甚至主张在机能方面也要平等而无差别。这种连女性的特权也要放弃的思想，显然不可能使女性获得幸福。"④ 当今社会，越来越多的妇女和男性一样全身心地投入到事业中成为职业女性，因此就必然导致事业和家庭的冲突。这不仅仅表现在家务的分担等细节方面，有的职业女性为了发展事业甚至放弃做母亲的权利。在与池田先生的对话中，松下幸之助先生指出："在夫妇之间，女性具有一种天赋的特质，要起到生育孩子这一非常重大的作用，她与不具有这种特质的男性起到的作用自然有所不同。"⑤ 池田先生自己也对这种现象提出了自己的观点："不管怎么说，生孩子这一严肃的行为，是女性仅有的特

---

① 池田大作：《人生问答》，卞立强译，中国文联出版社，2000，第43页。
② 池田大作：《心灵四季》，吴瑞钧、王云涛译，时事出版社，1998，第127页。
③ 池田大作：《女性箴言》，仁章译，吉林人民出版社，1993，第84页。
④ 池田大作：《人生问答》，卞立强译，中国文联出版社，2000，第42页。
⑤ 池田大作：《人生问答》，卞立强译，中国文联出版社，2000，第43页。

权。""生育和保护生命的任务，是女性的长处。放弃这种权利，应该说是愚蠢的。"① 许多女性主义者认为只有把女性从繁重的家务中解放出来，摒弃妇女天生就应在家相夫教子的传统观念，女性才能得到真正的幸福，才能实现真正的男女平等。池田先生则认为："要把妇女从家务、生孩子、养育子女等只有妇女才能做的工作中解放出来，反倒会使人类陷于停滞状态。对妇女来说，这也可以说是放弃了她们的天职和她们最大的根据地。"② "尽管在职业上积极活跃了，但疏忽了维护家庭和抚育孩子的重任。这种状况绝不会提高女性地位。"③ 他认为"男性也好女性也好，都有各自的特质，根据这种特质来生活才会拥有真正的幸福"④。女性要想获得幸福，拥有完美、有价值的人生，不仅要清楚作为一个人应当怎么生活，更应该懂得如何发挥女性的特质，"在争取家庭和社会的繁荣、缔造与邻人共存共荣的生活中去寻求人生价值。"⑤ 这才是真正意义上男女平等的实现方法，才是女性获得幸福的根本途径。

三　女性在家庭中的作用

和睦美满的家庭是整个社会稳定的基础，女性被赋予了重大责任。池田先生一再强调女性在家庭中的重要作用，鼓励女性努力建

---

① 池田大作：《人生问答》，卞立强译，中国文联出版社，2000，第 42 页。
② 池田大作：《展望二十一世纪：汤因比与池田大作对话录》，荀春生、朱继正、陈国良译，国际文化出版公司，1985，第 139 页。
③ 池田大作：《人生问答》，卞立强译，中国文联出版社，2000，第 42 页。
④ 池田大作：《人生问答》，卞立强译，中国文联出版社，2000，第 46 页，
⑤ 池田大作：《人生问答》，卞立强译，中国文联出版社，2000，第 41 页。

设幸福家庭。他还强调无论女人在工作中成功与否，家庭永远是她展示才华、树立自信、丰富内心的场所，家庭事务的处理能力是衡量女性成功与否的重要标准："一个女性不管怎样时髦和出类拔萃，如果她连家事也安排不好，那就只能算作一个非常原始的女性。"①

池田先生说："对于女性而言，妻子的座位有时是令人憧憬的目标，有时是充实的幸福世界，但有时也会成为一种难以承受的重荷。不管怎样，大部分女性的大半人生是在妻子的座位上度过的，这也是事实。"② 因此，女性在家庭中的重要作用也就首先体现在人妻这一角色上。佛典《法华经》中有一句话："女人者，随物而使物随之者也。"这句佛典，道出了女性的智慧。③ 池田先生对此非常赞同，他说："日莲大圣人把妻子比作弓，把丈夫比作箭，教给了我们夫妻之道。意思就是说，丈夫如何在社会的太空中飞翔，在社会上顽强地奋斗，都取决于妻子的力量。他还说妻子是'追随丈夫而又使丈夫追随自己的人'。应该说妻子有伟大真知的、杰出的家庭经营法。"④ 池田先生认为妻子对于丈夫来说是坚强后盾，有了弓的力量，箭才能射得更远，就如同有了脚，身体才能得以支撑一样："对于丈夫来说，妻子如同大地。丈夫从妻子那种磐石般的安定感、取之不尽的充实感，还有那时时发生变化的敏感中求得心灵的休憩，并因此消除了身心的疲劳，为明日的工作蓄养了活力。"⑤ 社会是男

① 池田大作：《女性箴言》，仁章译，吉林人民出版社，1993，第84页。
② 池田大作：《女性箴言》，仁章译，长春：吉林人民出版社，1993，第22页。
③ 池田香峰子：《香峰子抄》，刘晓芳译，作家出版社，2006，第124页。
④ 池田大作：《人生箴言》，卞立强译，中国文联出版社，1995，第97页。
⑤ 池田大作：《女性箴言》，仁章译，吉林人民出版社，1993，第25页。

人的战场，是紧张的舞台，家庭是唯一的心灵甘泉，如何使丈夫休息心田、解除疲劳，这是妻子最重要、最聪明的任务。"对男子来说，社会是战场，是令人不断处于紧张状态的舞台，而家庭则是心灵唯一的绿洲和安憩之地。从这一点考虑，我深感贤妻的重要职责便是下功夫最大程度上使丈夫的心灵得到休息，疲劳得以解除。"①在丈夫事业失意，生活中遇到苦难的时候，妻子便是最大的依靠和重新振作的动力。"由于妻子的鼓励，丈夫重新振奋起来。在关键时刻，心性坚定的女性的一句话，就是最大的依靠。"②

池田先生多次提到女性应该是"贤明的妻子"，他认为家庭幸福与否很大程度上取决于妻子是否贤明："夫人的贤明，就是全家的幸福。"③ 这里的"贤明"，笔者认为就是说妻子在和丈夫共同经营家庭的过程中，应当充分发挥自身潜在的和平性的温柔，始终对丈夫持有一种尊敬、信任和体谅的态度，对家庭各个成员给予无微不至的照顾，这样家庭的和平与协调就会自然到来。池田先生的夫人香峰子女士便是贤明妻子的杰出代表。由于池田先生工作繁忙时常不在家，香峰子女士不仅要操持家务还要独自承担教育孩子的重任。她说："要尊敬自己的先生，要自然而然地让孩子们感觉到父亲是一家之主……当然，以自己为核心也没有什么不好。不过，女性在这方面应该很贤明，该忍的还是要忍，这挺重要……"④ 无论父亲多么忙碌，孩子都能感受到父亲的存在，这都归功于贤明的香峰子女士的百般努力。她在操持家务的同时，还努力在孩子心目中

---

① 池田大作：《女性箴言》，仁章译，吉林人民出版社，1993，第26页。
② 池田大作：《新女性抄》，卞立强译，上海财经大学出版社，2004，第25页。
③ 池田香峰子：《香峰子抄》，刘晓芳译，作家出版社，2006，第106页。
④ 池田香峰子：《香峰子抄》，刘晓芳译，作家出版社，2006，第124页。

树立父亲的高大形象。池田先生不由得感慨道："社会名声和经济富裕绝不是幸福的重要因素……重要的是妻子得牢牢扎根于家庭这片大地，发挥她们贤明的努力和创造性，这样才能建立起幸福的家庭。"①

对于女性母亲的这一角色，他不厌其烦地指出："支撑世界的，不是少数貌似伟大的领袖，而是看起来不显眼，只为自己的使命顽强生活的母亲们。"② 他认为作为一个女性，必须担负起女性引以为傲的责任——教养子女，作为一个母亲最大的幸福也莫过于此。母亲是子女绝对信赖的人也是其唯一依靠，母亲充满爱和温暖的心，是无限生命力的泉源。他说："对孩子们来说，母亲是这个世界上唯一的存在，是谁也不能替代的绝对信赖和安全的依靠。"③对母亲而言，家庭是最重要的教育场所，犹太谚语说："母亲的教育胜过百位教师。"池田先生认为母亲是负有最高使命的教师，为了让孩子能安心成长而绞尽脑汁。他认为只要母亲认真，必然会动摇孩子的内心深处，给予孩子最大的关怀，必将被孩子铭记在心，也将影响他们日后的思维行事。"对孩子们的成长和幸福来说，贤明的母亲就像太阳一样。"④ 池田先生认为拥有无限包容的母爱，可以让孩子在人生重大的选择上，不会误入歧途。母亲对于孩子来说意义重大，是任何人都替代不了的存在。"说自己的家庭是和睦的，并不是说其中没有任何的劳苦或苦恼，而是说，在一个和睦家

---

① 池田大作：《女性箴言》，仁章译，吉林人民出版社，1993，第256页。
② 池田大作：《365日给女性的赠言》，卞立强译，四川人民出版社，2008，第26页。
③ 池田大作：《365日给女性的赠言》，卞立强译，四川人民出版社，2008，第128页。
④ 池田香峰子：《香峰子抄》，刘晓芳译，作家出版社，2006，第106页。

庭里，无论发生多大的风暴，都有一个太阳把全家人照耀，而这个太阳就是母亲。"① "母亲是家中的太阳。不，是世界的太阳。无论处于多么暗淡、严酷的环境，只要有母亲的满面笑容，光明就不会消失。"②

池田先生还教导所有母亲必须认识自身成长的重要性，要让子女引以为荣，母亲不能忘记自己的成长，应保持神采奕奕、朝气蓬勃。他说："不要因为当了母亲就忘记了自身的成长。希望你成为精力充沛、朝气蓬勃、让孩子引以为豪的母亲，直到永远。"③ 他还强调："母亲每天的行为，都会作为无可取代的人生财富，留在孩子的心上，成为其生活的力量。"④ 他认为对孩子来说，母亲的人格在孩子纯真心灵的投射，渐渐形成孩子人格的基础。也就是说，母亲自身的姿态是直接关系到孩子人性成长的根本。从这个意义上来说，母亲是孩子最亲近的人生范本，毋庸置疑地对孩子人性、人格的培养具有重大责任。因而，为了更好地培养孩子，母亲也要不断超越自己，弥补自身的不足。鉴于此，池田先生告诫母亲："要正确认识不断成长的孩子的状态，坚持进行与这种状态相适应的对话。因此，母亲自身的成长也是很重要的。"⑤ 他还寄语：

---

① 池田大作：《365 日给女性的赠言》，卞立强译，四川人民出版社，2008，第175 页。

② 池田大作：《365 日给女性的赠言》，卞立强译，四川人民出版社，2008，第71 页。

③ 池田大作：《365 日给女性的赠言》，卞立强译，四川人民出版社，2008，第291 页。

④ 池田大作：《365 日给女性的赠言》，卞立强译，四川人民出版社，2008，第337 页。

⑤ 池田大作：《365 日给女性的赠言》，卞立强译，四川人民出版社，2008，第223 页。

"我希望母亲不要因为当了母亲就忘了自己的成长，也不要因为家务所累而未老先衰，而是要经常保持充沛的精力和蓬勃的朝气，做一个值得孩子们骄傲的母亲。"①

四 女性的社会价值

现今，各行各业活跃着不同女性的身影，她们创造着和男人等同的价值。对于女性走出家庭参与社会活动，投身于社会建设中，池田先生予以很大的支持。他认为女性具有许多例如善良、内心平和、尊重生命等特质，在许多方面女性做出的社会贡献远远超过男性，因而女性的社会价值与功劳是永远不能抹杀的。"由于女性参与社会活动，我们的社会向新的幸福转化、向新的希望转化的趋势正在不断扩大。"②"要从一味地追求物质、效率的社会，回归到心灵相通、有人情味的社会，女性的力量是不可缺少的。"③

一些女性主义和平研究者主张妇女与和平之间有着非常紧密的联系。学者阿登甚至提出："作为价值体系的一种，女性主义是军事主义的对立面。"布罗克·乌特恩主张妇女与和平的关联应有如下三个前提，即非暴力、保护儿童和跨政治的行动。池田先生也特别赞誉女性在推动世界和平方面的贡献，并且对布罗克·乌特恩的观点予以肯定，他说："我始终认为只有女性才是保卫和平的旗手。"④

① 池田大作：《女性箴言》，仁章译，吉林人民出版社，1993，第40页。
② 池田大作：《新女性抄》，卞立强译，上海财经大学出版社，2004，第49页。
③ 池田大作：《365日给女性的赠言》，卞立强译，四川人民出版社，2008，第10页。
④ 池田大作：《心灵四季》，吴瑞钧、王云涛译，时事出版社，1998，第70页。

池田先生认为相对于男性，女性对待生活更为现实和长远，她们追求现实的幸福，而更珍惜生活、珍爱生命。在池田先生的著作《心灵四季》中写到了谢野晶子的故事。晶子在题为《你不能去送死》的诗歌中表达了自己的真情实感，为前线的弟弟祈祷，但遭到了许多"爱国者"的猛烈攻击，晶子对于这种轻视人生、蔑视生命的风潮予以勇猛地反击。池田先生给予晶子极高的评价："在这里，我看到了女性作为天然'和平主义者'的真实而强烈的光辉。"① 他认为女性作为"天然的和平主义者"，她们厌恶战争、主张采取非暴力的手段来解决争端，她们特有的美德会启发好战的男性转向和平，掀起"非暴力"的变革浪潮。圣雄甘地说过："如果'力量'意味着精神力量，那么女性要胜过男性不知多少倍；如果非暴力是我们的法则，那么未来一定是女性的。"②

池田先生说："女性天生的特征是'对生命的母爱，保护和养育生命。'因此，被战争夺去亲爱的丈夫和孩子的女性的悲痛是无法形容的。"③ 他借用裁军之母米达尔女士的事迹来表达自己的观点："战争与'母爱'是相互对立，水火不容的。正是由于从'母爱'出发，她所从事的和平运动始终贯穿着温和的人道主义色彩。"④ 并且感慨道，"当母亲的声音把世界团结在一起的时候，母亲的双手与世界和平联系在一起的时候，世界将变得多么美丽啊！"⑤

---

① 池田大作：《心灵四季》，吴瑞钧、王云涛译，时事出版社，1998，第130页。
② 池田大作：《新女性抄》，卞立强译，上海财经大学出版社，2004，第103页。
③ 池田大作：《心灵四季》，吴瑞钧、王云涛译，时事出版社，1998，第132页。
④ 池田大作：《心灵四季》，吴瑞钧、王云涛译，时事出版社，1998，第69页。
⑤ 池田大作：《365日给女性的赠言》，卞立强译，四川人民出版社，2008，第269页。

池田先生说："正义的女性的雄辩，是无敌的。真挚的女性的声音，是不可战胜的。"① 他认为要想排除地区纷争、战争以及恐怖主义的威胁，切断暴力的恶性循环，女性的力量是必不可少的。在推动世界和平的进程中，她们的力量是一种超越权力的力量，她们的声音是任何政治力量都无法比拟的。圣雄甘地说过："通过建立女性的和平来缔造社会的和平，这时，女性的和平的力量会成为惊人的伟大力量来改变世界。"② 因此，池田先生积极倡导在推进世界和平事业的进程中，应该更多地运用女性的力量，只有这样，和平事业才会快速推进："人类的一半是妇女。我相信只有当妇女们不仅热爱自己的家庭，也热爱社会和世界，只有当妇女的力量在社会上真正得到反映时，世界和平事业才能获得长足发展。"③

---

① 池田大作：《365 日给女性的赠言》，卞立强译，四川人民出版社，2008，第282 页。

② 池田大作：《新女性抄》，卞立强译，上海财经大学出版社，2004，第191 页。

③ 池田大作：《心灵四季》，吴瑞钧、王云涛译，时事出版社，1998，第70 页。

解读池田大作的中国情结

周婷婷 [*]

作为创价学会的第三代领导人，池田大作率领创价学会访华团于 1974～1997 年前后十次访问中国，这期间他不仅会见了周恩来、邓小平等党和国家领导人，而且结识了众多中国各界名人和默默无闻的普通人，特别是他与周恩来总理的"历史性会见"，成为中日两国友好交往的佳话。与此同时，在他与汤因比的对话中多次谈到中国，分析了当时中国所处的国际环境，以及中国的地位和对世界和平的作用，反映了中国独特魅力之所在，更体现出池田大作浓郁的中国情结。那么，池田先生为什么对中国有着这么强烈的感情呢？本稿在已有研究的基础上，从池田大作的经历等方面，探讨他的中国情结之由来，进而阐述池田大作中国情结的实践。

---

* 周婷婷，陕西师范大学 2013 级中外关系史方向硕士研究生。

一　池田先生的人生经历

1. 亲历战争之苦

池田大作，1928 年出生于东京的一个商人家庭，从小在海边长大，父母的言传身教造就了池田坚韧不拔善良勇敢的性格。在日本几近疯狂的战争年代，法西斯政府对青少年实行军国主义教育，池田大作也不例外地在接受军国主义教育中成长。"与我同时代的少年都是在军国主义教育中成长的。当时的日本教育，考虑的是怎样在孩子们的心中培植歪曲的人生观和思想，然后，又如何将更多的少年驱赶上战场去卖命。没有比错误的教育更可怕的了，我对此深有体会。"[①] 所以他最初以"作为一名日本航空兵成为一名勇敢的战士"为理想，后来由于长兄、二哥、三哥、四哥都被拉去前线，以及长兄战死的缘由，池田大作深刻思考战争，想到"不只是我家，在亚洲、在世界上有多少人无辜地成为战争的牺牲品"。同时，由于战争爆发，父亲生病，家中失去经济来源，所有的家庭重担都落在身体弱小且多病的池田身上，这些亲身经历让他开始怀疑所谓的"大东亚圣战"意义何在？他在著作中说："我回顾自己反对战争、要求和平的心理历程时，明显感到那是从原始的经历中产生的，是那样的强烈、深刻。我曾一度把少年航空兵作为理想，希望在青春风华正茂之前，就在战争中奉献自己的生命。面对战争时，人们内心的起伏，心理的波动是各式各样的，但是很清楚，从

[①]　池田大作、金庸：《探求一个灿烂的世纪——金庸、池田大作对话录》，孙立川译，北京大学出版社，1998，第 78 页。

内心中产生战争，为战争而奔走，最后到厌恶战争，这样的心理历程，是从那个时代开始的。"① 因此，这些亲身经历让池田先生厌恶战争、痛恨战争，开始向往和平的生活。

2. 恩师的影响

人的一生中会有很多事情发生，偶然的一件事可能就会改变一个人的命运。而对池田大作产生最重要影响的人物，就是他的恩师户田城圣先生。1947 年 8 月的一天，他遇见了户田，在受朋友邀请参加的一次座谈会上。后来他回忆当时的心情："19 岁的夏天，我最初见到户田先生，见到户田会长的时候想到，这个人也反对战争，被关了两年牢，我相信这样的人说的话，肯定没错。"②

户田城圣，创价学会的第二任会长，曾以"思想犯"的罪名与牧口会长一起入狱，出狱后，继承先师的遗志开展争取和平的运动，户田始终没有屈服于傲慢当权者的任何压迫，坚持了自己的信念。池田大作在师从户田的十年间，不仅学到了佛法、人文社会、自然科学等各门知识，更重要的是学会了对世界形势的分析和判断。"户田先生最初是一个教育工作者，后来当了企业家，晚年是作为一个宗教家度过的，对我来说，他是我的人生导师，是对我进行人生教育的最高师表。"③ 户田城圣传授给池田的与其说是知识，不如说是看问题的方法和做人的道理。在老师的影响下，加上之前他所经历的战争创伤，让池田认识到"没有比战争更残酷的了，没有比战争更悲惨的了"，并开始深刻思考与战争一样"让人发生

---

① 池田大作：《我的履历书》，日本圣教新闻社，2005，第 70 页。
② 李庆：《池田大作传》，浙江人民出版社，2008，第 24 页。
③ 李庆：《池田大作传》，浙江人民出版社，2008，第 28 页。

悲惨不幸的祸根"。

1957 年 9 月 8 日发表的《禁止原子弹氢弹宣言》可以说是创价学会和平运动的基点，也可以说是第二代会长户田城圣的"遗训"，① 池田先生正是继承了恩师的遗志，他说："我走这条勇敢的道路，是跟创价学会第二任会长、恩师户田先生学习的。他不屈于日本的军国主义，并且不断地把希望带给苦恼的平民。"② 恩师对他的教诲可以说决定了他日后致力于和平事业的道路。"对我来说，和中国保持和平友好，是从恩师那里继承下来的信念所示的道路。"③ 就这样，一直以来，池田大作走在时代的最前列，为了中日两国的和平友好而开展活动，成为中日和平友好家喻户晓的人物。

二　中国情结的来源

池田先生在其著作和各种"对话"中，多次谈到中国，谈到中国文化对日本社会发展的重要作用和影响。那么，对中国这种特殊情结的源泉是什么？答案是，这些源自于博大精深的中国文化，源自于中日两国一衣带水的地理位置，源自于中国文化对日本的恩国地位。

1. 中国文化的博大精深

（1）在中国搏动着"尚文"风气

中华民族有着悠久的和平传统，是一个"具有三千多年大河

---

① 池田大作：《我的人学》，铭九译，北京大学出版社，2010，第 37 页。
② 池田大作：《我的中国观》，四川人民出版社，2009，第 67 页。
③ 池田大作：《我的中国观》，四川人民出版社，2009，第 2 页。

一般历史源流的伟大民族"，有着博大精深的文化。池田先生认为，与其说中国是一个"尚武"的国家，不如说是一个"尚文"的国家。早在1984年，池田大作在北京大学的演讲中就提出"我觉得除了极其例外的时期，'尚文'的风气，一直是推动中国历史的巨大力量"① 这一对中国的认知和评价。他还指出，自古以来中国都具有崇文精神，而这种精神不是很多人理解的单纯的文弱，而是在中国历史上每个推崇武力的时期，总会被中国所具有的特殊的文化力量所吸收和替代，故而中国被称为"世界上历史最悠久的国家"。

在与汤因比的对话中，历史学家汤因比曾谈到中国与世界、中国的重要性以及中华文明的悠久历史和传统美德，并从历史的角度分析了中国虽经历了万千磨难，但最终能够像今天这样以崭新的姿态屹立于世界的原因："与其说是由于中国在现代史上较短时期内取得成就，还不如说是由于认识到在这以前的两千年所建立的功绩和中华民族一直所秉承的美德的缘故"。池田大作也表明了自己的看法："中国在传统文化上的影响力是无法估量的，今后中国一旦在国际社会这一舞台上大显身手，那么一定会对亚非各国产生相当大的影响。"②

（2）中国有抑制武力的传统力量

由于中国历史上没有像其他帝国那样发动侵略战争，且具有"尚文"的和平传统，才使中国具有抑制武力的力量。池田认为中国历史文化蕴含着文明道德的传统力量，认为中国历史文化所蕴含

---

① 池田大作：《我的中国观》，四川人民出版社，2009，第79页。
② 池田大作、〔英〕汤因比：《展望21世纪——汤因比与池田大作对话录》，国际文化出版公司，1999，第276页。

的对文明、道德和理想的关注，首先就表现为对人和生命的尊重，① "对文明道德和理想的关注一直是推动这个国家历史发展的主要动力"②。所以在隋唐大一统时期产生 "对外征服是非道、不德的行为"③ 这一深刻认识。在他看来，当中国处于文明正盛的隋唐时期能具备这样的认识不是偶然的，这一时期形成了以中国为中心的汉字文化圈，这正好说明了中国文化与文明力量的强大。文化的意义在于通过自身的先进性来影响其他落后的文明，古代中国在与邻国的朝贡外交过程中就扮演着这一重要角色，其出发点 "在于以文明与文化使邻国心服，这种想法也是以'尚文'思想与中华民族的自豪感为基础的"。

池田大作看到了 "中国历史上存在着宽宏的秩序感"，认为古代中国虽然完全具备征服邻国的实力，但只是以礼服人贯彻和平的外交政策。与世界文明史中经历过盛衰荣枯的其他强大帝国相比，他说 "在中国历史上，很难发现单凭武力，明目张胆地推行武力主义和侵略主义的例证。"④ 这些恰与池田大作致力于世界和平交往的信念相一致。池田大作曾借用罗素对中国的评价："如果我们要寻找一个'自豪而不屑去战争'的国家，那就是中国，中国人的态度极其自然，是宽容与友好的态度，是一种希望以礼节待人，并希望对方以礼相待的态度。"⑤ 所以他在 "六八倡言" 中提出 "中国会直接以武力发动侵略战争，这是根本不可能想象的"。正

---

① 马薇：《池田大作的中国观研究》，陕西师范大学 2011 年度硕士论文。
② 池川大作著、何劲松编选《池田大作集》，上海远东出版社，2003，第 131 页。
③ 池田大作：《我的中国观》，四川人民出版社，2009，第 80 页。
④ 池田大作：《我的中国观》，四川人民出版社，2009，第 80 页。
⑤ 池田大作：《我的中国观》，四川人民出版社，2009，第 82 页。

因为对中国历史有着深刻的理解，池田先生才会投身于中日友好和平交往的事业中。

（3）以"人"作为一切的出发点

对中国具有这种抑制武力的自制力背景思考之后，池田发现中国哲学研究"终究没有离开过人这一中心命题"，也就是说，思考任何问题，总是以人为中心。"我认为不只是哲学，在中国的宗教、科学、政治等关于人类行为的任何学问中，其基调都可以说是以人为出发点的。"[①] 在池田看来，在基督教或伊斯兰教的神教世界里，常常以神为中心，从世界和平的角度来看，造成近代国际战争的元凶——殖民主义的背景，正是"这种不以人为基轴的思考方式"；欧洲的近代文明非但未能抑制人的野蛮本能，反而成为最佳隐蔽工具。正是西方与中国形成这样巨大的反差，使得池田先生重视中国。从他倡导的世界民族主义出发，人类需要避免战争和平交往，为了和平而行动，终究会打开"心与心之间的渠道"。而中国这种以人为中心的思维传统，正是符合追求人类和平这一目标的。

2. 中国是日本的大恩人

纵观日本历史的整个发展历程，日本社会的进步是在吸收先进文化的基础上发展起来的，外国文化的输入对日本的发展起了非常大的作用，尤其是受中国文化的影响特别大。秦汉时期徐福东渡的故事广为流传。东汉时，"光武帝赐倭奴国印"与日本建立了联系。魏晋南北朝时期，日本邪马台国卑弥呼、壹与女王遣使来华，这一时期儒学经朝鲜半岛传入日本。隋唐时期是中国封建文化发展

---

① 池田大作：《我的中国观》，四川人民出版社，2009，第82页。

的鼎盛时期，日本发起全面吸收中国文化运动；日本的圣德太子学习佛教和儒学经典，该时期的《宪法十七条》和"冠位十二阶"，吸收了中国儒学和佛教的思想。奈良时代开创以佛教为主的飞鸟文化，8世纪产生以写实手法体现人类丰富情感的天平文化，平安时代的文化以"国风文化"为特色，直到9世纪日本人仍受唐文化的熏陶和影响。

日本曾多次派遣唐使到唐朝，除了学习唐代的政治、律法之外，更重视引进唐朝儒学、佛教的新思想，以更大的热情学习和汲取中国的文明。中日文化的交流主要是通过人员的交流和书籍的传播实现的，历史上著名的阿倍仲麻吕来唐和鉴真大师东渡日本，是中日友好交流的见证，池田大作认为，日本的几次历史性跨越都得益于中国先进文化的恩泽。他说："日本自古代国家统一以来，不，严格地说，从更加遥远的以前，一直在中国文明的影响下，不断获得生机勃勃的发展……就连今天已经完全日本化了的各种风俗习惯，如果要追根溯源的话，大多也是起源于中国的。"[1] 正是中国先进文化的影响，才使古代的日本实现了跳跃式的大发展。

池田先生认为中日两国在地理位置上如此接近，自古以来便是"一衣带水的邻邦"。两国有这样深厚的渊源，中国文化又是日本的大恩人，然而近代的日本却以发动战争的方式忘恩负义于中国，给两国人民带来了惨痛的灾难。池田大作说："日本像今天这样背离中国，对东方民众的苦恼袖手旁观，不能不说是最不自然的，最不合理的。"[2] 池田大作认为日本必须感恩、报恩，认为日本人越

---

[1] 池田大作：《我的中国观》，四川人民出版社，2009，第9页。
[2] 池田大作：《我的中国观》，四川人民出版社，2009，第10页。

来越应该为中国的发展和中国人的幸福提供诚心诚意的协助。在《我的佛教观》序言中，池田还说道："中国的确是日本文化的源头，是日本的大恩人。我们日本人必须在心灵深处重新认识这一不言自明的事实，并且要不断地付诸行动，为报答恩情而有诚意地行动。作为一个民间人士，我通过前后六次访华（当然，在日本就更不用说了），同当今中国各界领导人、文化人和学者进行对话，广泛地保持着'和平'与'文化'的相互交流，这也就是想报答中国'大恩'的心愿的表露。"①

池田在与金庸对话中也多次强调知恩图报，强调每次访问中国总想对"恩人之国"尽自己的崇敬之礼。对于近代的侵略问题，金庸先生发表自己的感想说："日本和中国同文同种，中国将文化、文明交给日本，日本却以倭刀和枪炮加诸中国。"对此，池田先生认为这真是一针见血，令人耻于提起的"恩将仇报"的历史。② 作为一个热爱和平的日本人，池田先生非常关注中日两国关系的发展，对过去的战争问题，在与金庸对话时他说道："日本所犯下的罪行当然可耻，但更令人感到可耻的是许多日本人忘掉了历史。"他还说："关于日本的战争责任，以制造麻烦的面目不断变化的政治家接连不断。对于亚洲诸国的严厉批判充耳不闻，对自己的'问题发言'（指否定侵略战争等的讲话）是如何地侮辱了亚洲人民也全然不知。"③ "我觉得我们应当再一次铭记贵国的宽广心

---

①　池田大作：《我的佛教观》，四川人民出版社，1989，第 2 页。

②　池田大作、金庸：《探求一个灿烂的世纪——金庸、池田大作对话录》，北京大学出版社，1998，第 56 页。

③　池田大作、金庸：《探求一个灿烂的世纪——金庸、池田大作对话录》，北京大学出版社，1998，第 77 页。

胸。贵国曾是日本的文化大恩人，但日本却以傲慢的、野蛮的行为践踏了同贵国的这种善缘。尽管日本使贵国遭受了如此无法估量的灾难，但贵国仍以博大的胸怀，再次打开了友好的道路，我们日本人绝不能忘记这样的历史。"①

在池田先生看来，中国有爱好和平的悠久传统，中国文化又是日本的恩人，带着这种情结，他把中国当作灵魂的故乡。"我在贵国经常感到如灵魂故乡的那种人性的温馨"，他在与灵魂的故乡进行心与心的深刻交流时，流露出浓厚的中国情结。池田大作作为象征中日友好的民间大使，在经历了战争的创伤与悲痛之后，决心为世界和平、人类幸福而奔走世界各地，决心致力于与中国的友好交往。

三　中国情结的实践

基于对中国历史和现实的深刻洞察，池田大作对中国在世界和平事业中发挥的作用寄予厚望，并不遗余力倡导中日友好，推动中日之间和平交往，坚信中国不可能发动侵略战争，在这一信念的支撑下，愿意做"恢复中日邦交事业的举旗人"。池田大作先后十次访问中国，多次与中国高层领导人亲切会谈。2013 年习近平当选国家主席后，池田大作发来贺电表示祝贺，并身体力行，为中日两国的和平交往贡献自己的力量。

1. 中日邦交正常化

池田大作认为中国问题正是实现世界和平的关键，"如果不让

---

① 池田大作：《我的中国观》，四川人民出版社，2009，第 57 页。

这个被当做国际社会异端的中国处于同其他国家一样平等、公正地交往的状态，那就永远不可能实现亚洲和世界的和平。"而且深信"这是可以使韩国、越南、泰国、老挝等亚洲国家和台湾地区政治稳定和经济繁荣的绝对必要条件。"所以他高度重视中国在国际社会上发挥的作用。1968 年 9 月 8 日，池田会长在创价学会举行的第十一届学生部大会上发表著名的"六八倡言"，其核心内容是中国问题。这一著名倡言已经非常明确地表明池田大作的立场，在当时的社会形势下，仅仅提到"和中国交往"就会遭受白眼，更何况发表这样振聋发聩的演讲呢？可见池田先生过人的胆识与热爱和平之心切。池田大作认为要解决中国问题，应该从三个方面做起：第一，要正式承认中国政府的存在；第二，要为中国准备在联合国的合法席位，让其参加国际讨论；第三，要广泛推进与中国的经济和文化交流。①

首先，在正式承认中国政府的存在问题上，池田先生认为日本政府的立场是，仅仅与台湾当局缔结所谓日华合约，忽视中华人民共和国政府的存在。他坚持"日本政府一定要同北京的中国政府对话"，在中日两国"相互理解"和"深刻的依赖"的基础上，为实现邦交正常化，立即举行日中首脑会议。其次，关于中国恢复联合国席位的问题。他认为，恢复中国在联合国的合法席位，关键在于解决中国代表权问题，顺应时代潮流的发展。池田大作指责日本政府一贯追随美国的做法，②认为日本政府应当推行独立自主的外

---

① 曲庆彪、〔日〕寺西宏友：《与池田大作对话人类发展》，中国社会科学出版社，2012，第 185 页。

② 曲庆彪、〔日〕寺西宏友：《与池田大作对话人类发展》，中国社会科学出版社，2012，第 189～190 页。

交政策，不能像过去那样为美国的"指定重要事项方式""帮忙"，应当积极推进解决北京在联合国的代表权问题。解决中国在联合国的代表权问题，"我认为才是真正维护以联合国为中心，才是对世界和平的伟大贡献"。最后，扩大日中贸易的设想，他认为应当建立在中日两国相互理解的基础上才能成立。在双方的共同努力下，1962 年 11 月中日之间建立了"LT 贸易"，缔结了 1963～1967 年的五年协定，中国方面设置了"廖承志办事处"，日本方面设置了"日中贸易联络协议会"，通过这两个机构来推进贸易。① 随后的备忘录贸易带有半政府间协定的性质，但是日本政府却对日中贸易不仅持完全消极、旁观的态度，而且顽固地坚持中国所批判的政经分离。池田大作对此进行了批判，呼吁日本政府应当遵循贸易三原则，一步一步地朝着扩大贸易的方向坚持不懈地努力。他还从日本的角度，深刻分析了同拥有丰富资源和巨大市场潜力的中国建立密切关系，不但可以实现中日之间的双赢互利，还有利于亚洲的繁荣乃至世界和平。

池田大作愿做"日中恢复邦交的举旗人"。自 1968 年发表振聋发聩的倡言后，池田大作身体力行，于 1969 年在《圣教新闻》连载小说《人间革命》中进一步呼吁要缔结"日中和平友好条约"，千方百计地促进中日友好。早在 1964 年，池田大作主导创立公明党，随即确立了与中国恢复邦交作为公明党最重要的外交政策；1971 年 7 月，日本公明党第一次派代表团访问中国并提出了中日邦交五项主张。经过多方面的努力，同年 10 月，中国在联合

① 曲庆彪、〔日〕寺西宏友：《与池田大作对话人类发展》，中国社会科学出版社，2012，第 190 页。

国合法席位得以恢复，中国的国际地位得到空前提高。1972 年 7 月，公明党代表团第三次访华，直接推动了中日官方交往的进程。在中日两国各界人士的共同努力推动下，同年 9 月，日本首相田中角荣访华，同周恩来总理签署《中日联合声明》，实现了邦交正常化。中日关系发生这一历史性转折，池田大作先生及其所创立的公明党的不懈努力起到了很大作用。

2. 寄希望于民众，特别是青年的力量

民众是国家间交往的实践者，池田先生十分重视民众在促进中日之间友好交往的重要作用，他呼吁"民间层次的日中友好是当务之急"。民间交流有利于彼此之间的经济往来和加深相互间的信任。池田先生认为政治、经济方面的往来很重要，但若想维持更长久的友好交流，还得靠民间的联系，政治经济之"船"，需要人民这"大海"才能够航行，民间交流扮演着重要的角色。在中日民间组织的交流中，创价学会一直发挥着重要的作用。1965 年中方开始与创价学会进行接触，著名的"六八倡言"发表后，创价学会在中日交往中的作用日渐彰显，以池田会长为代表的创价学会访华团先后十次访问中国，这为中日实现邦交正常化打下了很好的基础。

周恩来总理在接见池田先生时说："池田先生和创价学会对发展中日两国人民友好事业做出了不可磨灭的巨大的贡献。"[1] 池田先生认为中国以及中国的民众蕴藏着无限的潜力，要进一步加强人民与人民的友谊，1974 年他在北京答谢宴会上说："由于外交关系的正常化，国与国之间搭起了'友好的桥梁'，一年之后，在空中

---

[1]　王永祥主编《周恩来与池田大作》，中央文献出版社，1990，第 147 页。

又架起了日中两国人民友谊的桥梁。由于邦交正常化，日中友好进入第二阶段的课题，第一要在民众的心与心之间牢固地架设起多条永远友好的金桥，不用说这是最应当重视的。"池田先生曾和周恩来、邓小平、江泽民、胡锦涛四代领导人，以及众多品学兼备的友人大众见面交谈，在池田看来，民众才是时代的主角，所以他十分重视民众的力量。他认为，我们应当为民众创造一个优越的交流环境，为中日之间的和平发展奠定坚固基石。

池田先生认为民众是中日友好的主体，应当把中日之间的未来寄希望于民众，特别是青年的力量。他说："当诸位很快成为社会中坚的时候，日本青年和中国青年应当能够携起手来，含着微笑，为建设光明的世界而努力。"① 1974 年 5 月在北京欢迎宴会上的致辞中他说到要努力加深青年、学生间的信赖，扩大交流。在建设中日友好的"金桥"时，特别注意把重点放在青年身上，青年的力量是无穷的，他希望青年人一定要承担起人类和平的重任，"未来是青年的，打开这些青年正确的人生道路和创造力的正是教育"。那么，要发挥青年在中日友好中的作用，就要重视青年教育，向青年灌输和平友好的思想"我曾向日本的学生强烈呼吁过邦交正常化和日中和平友好，不论发生什么，都必须坚持同中国友好，不能再重复悲惨的战争"。② 他认为如果不给予青年"正确的历史认识"，日本绝不会得到信赖。

正是池田大作年轻时代因战争而失去亲人的痛苦经历，坚定了他倡导和平加强青年之间交流的信念，池田先生也一直以自己的行

---

① 池田大作：《我的中国观》，四川人民出版社，2009，第 5 页。
② 池田大作：《我的中国观》，四川人民出版社，2009，第 29 页。

动践行了他的信念。自 1974 年，池田先生领导的创价学会多次派出访问团访问中国，特别是创价学会青年部和中国青年之间的交流，从 1979 年开始，通过中华全国青年联合会，中日双方进行了 20 次的交流活动。1994 年 4 月，池田先生在八王子的牧口纪念馆举行了对中国全国青年联合会访日团一行的欢迎仪式，还将自己创作的诗赠给中国青年。1998 年 8 月，创价学会又向中国派出了第七个青年部访华团，进一步加深了和中国青年的友谊。他希望通过青年的"教育交流"，进一步加深"相互理解"，中日两国"齐心协力，共同迈向光辉的未来"。

进入 21 世纪，池田先生并没有因为已取得的可喜成就而停下脚步。2005～2009 年，他派代表出席在北京大学、华中师范大学、湖南师范大学、北京师范大学、辽宁师范大学等高校举办的国际学术交流论坛，并撰写热情洋溢的贺词，多次强调青年教育，他认为"焦点是青年，希望在教育"，为建设和平共存的地球社会，应该毅然给接班青年们开拓道路。"我要当铺路石，让青年们走得更远，走得更快。学生们从我身上踏过去，沿着学问之路前行，我活着就是想当这样的一个人。"

从近年来中日关系发展变化情况来看，两国友好之路任重而道远。刚刚进入新世纪，中日两国关系就因日本领导人参拜"靖国神社"而一直处于低谷，直到 2007 年温总理访日，中日关系才迎来新机遇。然而，最近又因日本政府在钓鱼岛问题上一意孤行，使本来就十分曲折的中日关系再一次陷入艰冰期。无论如何，中日之间和平发展应该成为主流，这是全人类共同的愿望，也是不争的事实。多年来，池田大作积极奔走于世界各大舞台，为人类的和平事业积极贡献自己的力量，在众多场合中多次提及中国。池田先生有

169

着深厚的中国情结，这样一位带有传奇色彩的民间外交大使的精神毅力折服着一代代人。池田先生终生致力于中日之间的友好交往，爱好和平事业的中日民众一定会以他为榜样，开创中日关系发展的新时代。

参考文献

［1］王永祥主编《周恩来与池田大作》，中央文献出版社，1990。

［2］李庆：《池田大作传》，浙江人民出版社，2008。

［3］池田大作：《我的佛教观》，四川人民出版社，1989。

［4］池田大作、金庸：《探求一个灿烂的世纪——金庸、池田大作对话录》，北京大学出版社，1998。

［5］池田大作：《我的人学》，铭九译，北京大学出版社，1998。

［6］池田大作、〔英〕汤因比：《展望21世纪——汤因比与池田大作对话录》，国际文化出版公司，1999。

［7］池田大作著、何劲松编选《池田大作集》，上海远东出版社，2003。

［8］池田大作：《我的履历书》，日本圣教新闻社，2005。

［9］池田大作：《我的中国观》，四川人民出版社，2009。

［10］曲庆彪、〔日〕寺西宏友：《与池田大作对话人类发展》，中国社会科学出版社，2012。

［11］廖伯逊：《池田大作的中国情怀》，人民日报（海外版），2002年7月12日。

［12］马薇：《池田大作的中国观研究》，陕西师范大学硕士毕业论文，2011年5月。

周恩来、池田大作与中日友好

陈答才 *

前　　言

　　中国和日本是一衣带水的近邻，两国之间有 2000 年悠久的历史和传统友谊。不幸的是，在 1894 年以后的半个世纪中，日本军国主义者两次发动对中国的武装侵略，使中国人民蒙受巨大灾难。新中国成立后，如何处理同东邻日本的关系，是大国总理周恩来倾注精力最多的外交课题之一，从理论到实践，他为中日邦交正常化的恢复做出了杰出的贡献。池田大作于 1960 年任日本创价学会第三任会长，任职 40 年，实现了创价学会飞跃式的国际性大发展，1975 年创立国际创价学会，百万会员遍及世界 156 个国家和地区，不仅为中日民间友好往来做出了重要贡献，而且为世界和平奔走呼号，成为世界"和平的使者"。在中日民间友好往来的旅程中，池

　　* 陈答才，陕西师范大学政治经济学院。

田大作曾十次访华，一次受到周恩来的接见。就这唯一的一次接见，成为中日友好史上一段感人至深的佳话。

一 中日 "民间外交" 方针的
提出推动者周恩来

1945 年 8 月 15 日，日本宣告无条件投降，既是近代以来中国人民第一次反侵略战争的彻底胜利，也是世界人民共同反对法西斯斗争的伟大成果。军国主义武装的被解除，铲除了中日交往的重要障碍，为恢复和发展两国友好关系创造了条件。但遗憾的是，第二次世界大战后美国凭借其强大的军事和经济力量，破坏《波茨坦协定》，单独对日进行军事占领，致使战后的日本政府一切方针政策都仰其鼻息，受其控制。同时，美国为了称霸世界，在亚洲大力扶植反共势力，扶植台湾蒋介石势力和日本，构筑冷战体制，并于 1950 年 9 月上旬在美国旧金山召开全面对日媾和会议，通过了所谓 "和约"，还和日本单独签订《美日安全保障条约》。1952 年 4 月 28 日，美国又迫使日本吉田政府与台湾蒋介石集团签订所谓 "日台条约"。这样，日本就追随美国，不仅人为筑起一堵阻碍中日邦交正常化的高墙，而且主仆联手对中国的新生政权实行政治上的封锁、经济上的禁运。

那么，如何打破美日的封锁和禁运，恢复和发展中日两国人民的传统友谊呢？周恩来在对片面对日媾和和日蒋缔约提出严正抗议之后，决心冲破美日封锁，另辟恢复中日关系正常化的新途径。

1953 年 9 月，日本拥护和平委员会主席、参议院议员、列宁和平获奖者大山郁夫，出席在莫斯科举行的列宁和平奖颁奖仪式之后来到了中国。28 日，周恩来在接见大山时说明：中华人民共和国成立之后，就主张与世界各国建立正常的外交关系，特别是同日本恢复正常关系，可是日本政府对中国却采取了敌视政策。周恩来表示：我们欢迎日本人民代表团访问中国，同时，我们也希望派遣中国代表团访问日本。但是，今天美帝和日本的反动派极力阻挠两国人民发展友好关系。日本现政府公然执行美国的所谓"禁运"政策，阻挠发展中日贸易和文化交流，因此，两国人民必须共同奋斗，打破这种阻力。[①] 这是周恩来关于发展中日两国人民友好思想的最早表述。1954 年 10 月 11 日，他在接见日本国会议员访华代表团时又说："如果中日两国人民友好起来，来往密切起来，是可以阻止""日本军国主义的复活""这个危险的"[②]。这是对前述思想的进一步强调。1955 年 5 月 23 日，周恩来同国际民主妇女联合会主席、世界和平理事会副主席欧仁妮·戈登夫人谈话时，当话题谈到中日关系，周恩来又说："不但人民要来往，人民还要影响政府，改变政府的态度，两国才能友好。"他还表示相信："人民的态度可以影响政府，政府不会不考虑人民的意见，因为它要争取选票。"[③] 在这里，初步形成了"以民促官"的思想。1956 年 6 月 28 日，周恩来在接见日本国营铁道工会等访华代表团时明确指出：中日"两国外交的恢复，需要两国政府的努力，但也需要两国人民的推动。中国人民和中国政府随时都伸出友谊之手，随时都愿和日本政府商谈恢复两国外交关系的问题"。他认为"在我们两国政府能够直接接触之前，两国人民团体之间多多来往，是很有利于两国

---

① 见《人民日报》，1953 年 9 月 30 日。

② 《周恩来外交活动大事记》，世界知识出版社，1993，第 87 页。

③ 《周恩来外交文选》，中央文献出版社，1993，第 146 页。

关系的改善的"。他向客人表示，"日本朋友来得越多，我们的飞机场、火车站、码头为你们开放得越多，那就越能为中日两国的友好和建立外交关系铺平道路"。周恩来在回顾了几年来两国民间往来的巨大成就后又说，中日两国人民在两国政府尚未来往和签订协议的时候，直接办起外交来，解决了许多问题，对双方都有利。最后，他满怀信心地表示："我看，就照国民外交的方式做下去，日本团体来的更多，我们的团体也多去，把两国间要做的事情都做了，最后只剩下两国外交部长签字，这也省事，这是很好的方式。"① 他还诙谐风趣地说，到那个时候，只剩下中国总理、外长和日本首相、外相喝着槟酒了。至此，"民间先行，以民促官"的发展中日关系的民间外交思想完全形成。

中日民间外交的方针确定了，那么，工作从哪里着手？周恩来又选择了贸易作为打开两国关系的突破口。1953 年周恩来说，日本人民要生活下去，应该和中国进行贸易。1954 年，他进一步阐述了中日贸易的必要性、可行性和广阔前景。他说："日本是我们的近邻，对我们的市场和人民的需要，比任何外国都清楚，你们知道我们有什么东西，也知道什么东西你们最需要"。他强调指出："今天，中日之间在贸易上虽然有障碍，贸易量很小，但是只要两国关系友好地发展起来，前途一定是广阔的。" 贸易这个突破口一旦打开，很快就取得了成就，20 世纪 50 年代前半期就有三个《中日民间贸易协议》签订，大大促进了双边贸易关系的发展，按照日本海关统计，1955 年、1956 年、1957 年的中日贸易额分别是 1.09 亿、1.5 亿、1.4 亿美元，连续三年超过了 1 亿美元。20 世纪

---

① 《周恩来外交文选》，中央文献出版社，1990，第 146 页。

50 年代后半期，由于岸信介政府采取敌视中国政策，使中日贸易出现了曲折，但周恩来又适时提出中日贸易三原则，再次推动了两国贸易的恢复和发展。

周恩来不仅提出了中日民间外交的卓越思想，而且是这一思想最光辉最典范的实践者。我们不妨列举数据说明问题。笔者依据《周恩来外交活动大事记》和有关资料对周恩来接见、会见的日本各界人士、各种民间访华代表团做了比较准确的统计。从 1953 年 7 月 1 日到 1972 年 9 月 23 日（中日邦交正常化前夕），周恩来共会见、接见日本客人 287 次，323 个代表团次（或批量客人）。其中 1953 年 2 次接见日本访华代表团，1954 年 1 次接见两个访华代表团，1955 年 22 次接见 23 个日本访华代表团，1956 年 13 次接见 22 个日本访华代表团，1957 年 28 次接见 31 个日本访华代表团，1958 年 9 次接见日本访华代表团，1959 年 21 次接见 22 个日本访华代表团，1960 年 14 次接见日本访华代表团，1961 年 12 次接见 14 个日本访华代表团，1962 年 18 次接见日本访华代表团，1963 年 11 次接见 12 个日本访华代表团，1964 年 26 次接见 27 个日本访华代表团，1965 年 11 次接见 18 个日本访华代表团，1966 年 13 次接见 14 个日本访华代表团，1967 年 6 次接见 7 个日本访华代表团，1968 年 4 次接见 5 个日本访华代表团，1969 年接见 1 个日本访华代表团，1970 年 14 次接见 15 个日本访华代表团，1971 年 32 次接见 35 个日本访华代表团，1972 年（9 月 23 日以前）29 次接见 33 批日本客人。

在这 287 次接见的 323 个日本访华团（或批量客人）中，其中 154 次接见 164 个和平友好代表团（包括来访的日本各议员访华代表团、各政党访华代表团、恢复日中友好协会代表团、前军人友好代表团，等等），46 次接见 51 个经济代表团，35 次接见 39 个文化、学术代表团，8 次接见 10 个体育代表团，15 次接见 18 个艺术代表团，18 次接见 26 个工人代表团（包括日本各行业工会组织），5 次接见农业农民代表团，7 次接见 8 个妇女代表团，6 次接见 7 个青年、学生代表团。

一次性接见日本客人人数最多的是 1965 年 5 月 2 日晚，周恩来接见日本工会总评议会代表团、日本中立工会联合会代表团、日中友协第十次代表团、日本地方自治友好代表团以及文化艺术、体育、技术、贸易等各界 200 多位人士。

需要指出的是，周恩来毕竟是总揽一国内政、外交的总理，单就外交而言，所有的重大外交行动都得他亲自指挥和组织开展，在这种情况下，他竟然为中日民间外交付出了那么多精力和心血。难怪日本前首相田中角荣说："困难的中日邦交正常化得以实现，是因为周总理是中国方面的代表。"田中的继任人三木武夫首相也说："没有一个外国政治家，像周恩来总理那样在日本各阶层人民中间有那么多的朋友，得到那么多的尊重。"[1]

一言以蔽之，有了周恩来中日民间外交思想的指导，更有周恩来身教重于言教的积极推动，经过 20 年的逐渐积累，中日邦交正常化终于在 1972 年 9 月得以圆满实现。

二　池田大作 1968 年倡言恢复日中关系

池田大作 1928 年生于东京荏原郡大森町一个商人家庭。他高

---

[1] 《举世悼念周恩来总理》，人民出版社，1978，第 4 页。

等小学还没毕业，日本全面侵华战争已进行了3年。他的三个哥哥先后被征召入伍，支撑家庭生产生活的沉重担子过早落到了大作稚嫩的肩上，使他对侵略战争更加厌恶。1947年8月，19岁的池田大作便加入了创价学会。

创价学会的前身是1939年成立的创价教育学会，时有会员900余人，主旨是"最大限度发挥人的内在特质、个性和创造力，发挥其日益增强的自立能力、价值创造力，为人类的幸福与社会的繁荣、世界的和平做出贡献"。① 显然，这是日本宗教界为了坚决反对本国军国主义发动对中国和亚洲的侵略而成立的反战组织，在反对日本军国主义的斗争中发挥了重要作用。1946年改称创价学会。1975年，成员发展到750万户。

池田大作于1960年出任创价学会第三任会长，任职40年，使该组织实现了飞跃式的国际性大发展，在日本国内，会员达800余万人。1975年建立的国际创价学会，数百万会员遍及世界156个国家和地区，亦由池田大作担任会长。

池田大作忠实继承牧口常三郎和户田城圣两任会长的遗愿，矢志于中日友好的伟大事业。在中日两国民间外交频繁但远没有恢复邦交的状况下，他在日本社会各界率先提出恢复日中邦交、让中华人民共和国的代表参加联合国等重要倡言，这在当时是需要非凡勇气的。

1968年9月8日，创价学会第十一届学生部大会在东京日本大学讲堂举行。就在这有2万人参加的盛会上，池田大作会长发表了《光荣归于战斗的学生部》的演讲。围绕"中国问题"这个主

---

① 王永祥主编《周恩来与池田大作》，中央文献出版社，2001，第2～3页。

题，讲了九个方面的内容：其一，中国问题是实现世界和平的关键；其二，让中国参加国际讨论的场所；其三，毛泽东主义更接近民族主义；其四，立即举行日中首脑会议；其五，争取实现地球民族主义的理念；其六，大力争取中国参加联合国；其七，扩大日中贸易的设想；其八，"吉田书信"应当废除；其九，为亚洲繁荣和世界和平而努力。

池田大作在演讲中开宗明义提出：之所以说中国问题是实现世界和平的关键，在于从日本的处境来说，中国问题或迟或早是绝对不能避开的。他认为，要改变国际社会对中国"不承认"或严加封锁的敌对状态，必须要正式承认中国政府的存在；要为中国准备在联合国的席位，让其参加国际讨论；要广泛推进经济和文化交流。

池田大作强调指出，在中国被紧紧封锁的情况下，只有日本"握有打开这种封锁的最强有力的钥匙"，但现在的日本政府既不承认中国政府，也不想恢复邦交，就连微弱的贸易往来也逐年减少，显然中日战争的伤痕还没有消失。池田大作表示要改善日中关系，应寄希望于年轻人，因为日中双方的年轻人都同战争没有直接关系，绝不能再把过去战争伤痕的沉重包袱遗留给将来要承担两国前途的年轻人。日中两国青年应当互相携起手来，欢快地为建设光明的世界而努力。

针对日本社会中保守势力扬言"中国是侵略性的危险的国家"，必须要"加强日美安保体制"，而不应该和中国过多交往的观点，池田认为"从现在中国的国力和经济建设的阶段来判断，也根本不可能想象中国会以武力直接发动侵略战争"。池田说，中国是一个拥有 7.1 亿人口的巨大国家，而且是一个拥有 3000 多年大河一般历史源流的伟大民族。它的思考方式是非常复杂的。如果简单地下结论，必然会碰壁；如果气量狭小地来谋算，一定会犯意想不到的错误。基于此，他强调：在解决日中恢复邦交问题、中国在联合国的代表权问题以及日中贸易的具体事项时，必须"充分懂得这样的前提知识"，必须"根据长远的预见，进行耐心的交涉"。① 基于此，他提出了至关重要的三条倡议：第一，立即举行日中首脑会议；第二，大力争取中国参加联合国；第三，扩大日中贸易。

在演讲的最后，池田大作号召："日本应当立足于这样的世界视野，为亚洲的繁荣和世界的和平，特别是为其中最重要的关键，即同中国邦交正常化、中国参加联合国、促进日中贸易而倾注全部努力。"②

池田大作的演讲在经久不息的掌声中结束。由于这个演讲是以强烈要求恢复日中邦交正常化为其显著特点，故在日中关系史上被称为"恢复邦交倡言"。

在此需要特别指出的是，这一演讲是在面临十分险恶的政治环境下发表的，需要有超凡的勇气和大无畏的果敢精神。关于当时所承受的政治压力，池田大作在30年后曾有回忆："倡言激起千层浪。恐吓的电话和书信纷纷杀来，街上右翼宣传车高音喇叭的'攻击'不绝于耳，有人讽刺：'宗教团体的领袖为什么要系红领巾！'有人批评：'池田会长的发言妨碍政府外交。'我对此早有心

---

① 池田大作：《光荣归于战斗的学生部》（1968年9月8日），（日本）《圣教新闻》1968年9月9日。

② 池田大作：《光荣归于战斗的学生部》（1968年9月8日），（日本）《圣教新闻》1968年9月9日。

理准备，让后世的历史来审判吧！"① 的确，池田大作的"倡言"击中了当时美日当局所奉行的反华政策的要害，引起了他们的强烈不满。池田演讲的第三天和第四天，美日当局即召开了日美安全保障协议紧急会议，制订和形成了秘密文件，断言"池田大作和创价学会的民间外交已成为日本外交的障碍"。②

当然，能够在如此险恶的政治环境下进行这样既有胆识又有前瞻性的演讲，仅有勇气和牺牲精神是不够的，还需要广博的学识、深邃的历史眼光、敏锐的判断力，尤其需要强烈的呼唤和平的使命感和正义感。没有这些综合素质，是难以在错综复杂的国际关系中抓住问题的要害，提出顺应历史潮流的建设性意见的。

后来，中日关系的演进与世界历史的发展，验证了池田大作倡言的历史预见性。时隔三年不到，1971 年 6 月 16 日～7 月 4 日，在池田大作的推动下，以创价学会为社会背景的日本公明党代表团访问中国，并同中国中日友好协会发表了声明，提出了恢复中日邦交的五项主张：1. 中国只有一个，中华人民共和国政府是代表中国人民的唯一合法政府，坚决反对制造"两个中国"和"一中一台"的阴谋；2. 台湾是中国的一个省，是中国领土不可分割的组成部分，台湾问题是中国的内政，坚决反对"台湾归属未定"论；3. "日蒋条约"是非法的，必须予以废除；4. 美国占领台湾和台湾海峡地区是侵略行为，美国必须从台湾和台湾海峡地区撤走它的一切武装力量；5. 必须恢复中华人民共和国在联合国的一切组织和安全理事会常任理事国地位的合法权利，把蒋介石集团的代表驱

---

① 《日中和平倡言三十周年》，《圣教新闻》1998 年 9 月 20 日。
② 蔡德麟：《历史的丰碑：回顾池田大作先生为实现中日邦交正常化所做的贡献》，《深圳大学学报》（人文社会科学版）1998 年第 4 期。

逐出联合国，坚决反对一切阻挠恢复中国上述合法权利的阴谋。①
同年 10 月，中华人民共和国恢复了在联合国的合法席位。次年 9
月，日本首相田中角荣访问中国，同中国总理周恩来签署《中日
联合声明》，重申了前述立场和观点，实现了中日邦交正常化。毫
无疑问，也实现了池田大作 1968 年 9 月 8 日关于恢复日中关系倡
言的夙愿。

三　周恩来密切关注池田大作与创价学会

如果说 1968 年池田大作"关于恢复日中邦交的倡言"是周恩
来"中日民间外交"思想长期孕育出的硕果，那么，当这个硕果
真的显现的时候，必然引起周恩来的极大关注。

池田大作和创价学会引起周恩来的注意，是在 20 世纪 60 年代
初。1960 年，池田大作就任创价学会第三任会长后，短短三年，
会员就由 150 万户成倍增长到 300 万户。② 这一跨越式发展，引起
日本各界的关注，并通过日本著名政治家松村谦三、高碕达之助
的介绍和访日归来的中日友好协会秘书长孙平化的汇报，引起了
一直以来对"中日民间外交"充满希望和信心的周恩来总理的关
注。据孙平化回忆，20 世纪 60 年代初，在他向周恩来汇报访日
情况时，有两件事引起总理的注意。一是日本全力推进高速公路
（包括立体高架公路）的建设，另一个是创价学会在日本社会的
迅速崛起。在了解了创价学会的情况之后，周恩来指示孙平化：

---

① 《人民日报》1971 年 7 月 3 日，第二版。
② 转引自王永祥主编《周恩来与池田大作》，中央文献出版社，2001，第 16～17
页。

"创价学会是从群众中产生的团体，人数几乎占日本人口的一成。在推动中日友好时，不能忽视这个团体，要尽快同他们的干部接触。"① 同时，他还指示中国佛学界领袖赵朴初："你去日本，如有机会，要和创价学会建立关系。"② 据长期在周恩来身边以及对日工作的林丽韫回忆，"周总理一直在考虑如何设法进行交流"，并指示孙平化"你们是搞中日友好的，一定要想办法同创价学会之间建立交流的渠道，一定要交朋友"。林丽韫还证实，通过调查，我们"认识到创价学会是一个以群众为基础，争取中日友好的团体"。③

尽管 20 世纪 60 年代后半期由于中国国内"文革"，严重干扰和影响了对创价学会的进一步研究和接触，但对创价学会的关注并没有完全终止。池田大作 1968 年 9 月 8 日倡言后，包括《光明日报》记者刘德有在内的中国记者立即把这一消息发往北京。记者们认为在日中邦交断绝的情况下，池田大作的演讲是一条"大新闻"。同时，日本方面毕生致力于中日友好的松村谦三也很快把池田大作倡言传给了中国方面。1970 年，松村不顾 87 岁高龄，完成了第五次访华。就在他酝酿第五次访华的时候，得知池田演讲，喜出望外。他说如同"获得了百万援军"，决定亲自会见池田大作，并把时间安排在 1970 年 3 月 11 日。松村希望池田会长和他一起访

---

① 《日中恢复邦交秘话——池田大作与日中友好》，经济日报出版社，1998，第13 页。

② 《日中恢复邦交秘话——池田大作与日中友好》，经济日报出版社，1998，第28 页。

③ 《日中恢复邦交秘话——池田大作与日中友好》，经济日报出版社，1998，第113 页。

华，"希望尽快把池田大作先生举荐给周恩来总理"。池田本乐意同松村一起访华，但考虑由松村谦三创立的公明党前往，将更有利于解决邦交这种政治范畴的事。这次会见9天之后，松村就踏上了第五次访华的旅程。据池田回忆：松村先生与周恩来总理会见后，陪同他参加会见的一位先生马上打电话告诉他："松村先生向周总理郑重介绍了池田先生。周总理说：'请替我向池田先生问候，热烈欢迎池田会长访华。'"与池田一起接电话的，有陪同池田会见松村的山崎尚见副会长和向池田介绍松村的一位新闻记者。

通过松村第五次访华向周恩来的介绍，在周恩来和池田大作之间搭建了一座友谊的桥梁，周恩来与池田大作的会见就是时间的问题了。

四 周恩来会见池田大作

周恩来观察一切问题、解决所有棘手问题的一贯主张和风格，就是要抓住关键，抓住主要问题。那么，中日邦交正常化的关键问题是台湾问题，而对此，池田"倡言"是非常明确的。这正好同中国政府的原则立场和态度相一致，也是周恩来所有外交努力的前提条件和终极目标。周恩来始终关注创价学会和池田大作，池田大作也多方开辟与中方联系的渠道，于是就有了池田大作1974年5月底到6月中旬的第一次访华。

5月30日，受中国中日友好协会邀请，日本创价学会会长池田大作及夫人池田香峰子一行11人开始第一次访华。池田一行先从东京飞抵香港，再从香港步行经罗湖桥到达深圳。与池田大作夫妇同行的有副会长山崎尚见、秘书长原田稔及七名团员。创价学会第一次访华代表团在中国逗留了 15 天，先后访问了北京、西安、上海、杭州、广州等地，并在郑州短暂逗留，足迹遍及半个中国。

中国方面对池田大作率领的创价学会访华非常重视，访华团所到之处均受到了隆重热烈友好的接待。在深圳入境时，中日友好协会派专人迎接。池田一行抵达广州，中国人民对外友好协会广东省分会副会长杜埃等负责人，在广东省迎宾馆迎接。随后，池田一行乘飞机抵达北京，在机场受到廖承志夫妇和张香山、赵朴初等中国对外友好协会负责人的热烈欢迎。

为了切实推进日中友好进程，5 月 31 日，池田大作一行在拜会中日友好协会时，提出了一份创价学会与中国具体交流的建议事项方案，希望与中国每年定期进行青年、学生、妇女交流，例如派遣创价学会学生访华团、创价学会农村青年访华团、创价学会劳动妇女访华团等，同时欢迎中国方面派学生、工人、农民、妇女代表团访日。池田还提出，在可能范围内进行学者、作家、教育工作者、艺术家等文化人的相互交流。他特别提出，在始终尊重中国立场的前提下，希望将来能共同对东西文化的通道"丝绸之路"进行调查研究。当晚，廖承志举行宴会，欢迎池田大作率领的创价学会第一次访华团，并在欢迎词中高度评价了池田大作作为日中友好所做出的贡献。池田大作在答词中表示：创价学会访华团的目的是：一，学习中国朝气蓬勃的精神，为日中友好关系做出微小的贡献；二，加强和扩大青年、学生间的信赖和交流；三，超越政治经济等领域，保存和铺设一条通向永久性文化兴隆的轨道。访华团在北京先后参观了故宫、定陵博物馆、十三陵水库，游览了长城，并在颐和园与中国佛教协会会长赵朴初进行了会谈。6 月 7 日，访华团抵达西安，受到陕西省革委会负责人的热烈欢迎。在西安为期两天的访问中，访华团先后参观了西北第四棉纺织厂、陕西省博物馆、大慈恩寺、秦始皇陵、半坡博物馆、华清池、大雁塔。总之，创价学会访华团第一次访华，给池田大作留下了深刻的印象。他说，这次访华是"具有历史性的日子，也是终生难忘的日子"。为进一步开启日中两国"人的大门和精神的大门"奠定了良好的基础。虽然他也遗憾，因周恩来总理的健康原因未能拜会，但"到处都遇上周总理的'心'，这是我一个明显的感觉"。因为正是在周恩来的关怀下进行了初次访华。①

万事开头难。有了第一次访华丰硕的成果和初步经验，时间刚过了半年，池田大作便于 1974 年 12 月 2 日率领创价学会第二次访华团飞抵北京。中日友好协会秘书长孙平化、北京市革委会外事部门负责人、国务院科教组外事部门负责人等到机场迎接。当晚，中日友好协会会长廖承志和夫人经普椿前往池田大作一行下榻的北京饭店会晤。3 日下午，池田大作出席了创价学会向北京大学赠书仪式并讲话，他说：我是带着"全心全意祝愿日中两国人民友好和平相处的诚挚心情"出席这个有重要意义的仪式的；衷心希望这些有益的书籍能够成为日中两国之间"和平、友好的一条纽带"。他在讲话中还坚定地表示："无论如何，一定要坚持同中国的友好关系，通过教育、文化交流，增进日中人民之间的相互了解和相互协同，向着光辉的未来共同前进。"

5 日上午 10 点，代表周恩来总理主持政府全面工作的邓小平副总理在人民大会堂亲切会见了池田大作一行，除对创价学会访华

---

① 池田大作：《谈世界指导者——中国·周恩来总理》，《圣教新闻》1997 年 11 月 1 日。

团第二次访华表示热烈欢迎外，邓小平和池田大作还就增进中日两国关系的最为关键的问题进行了深入探讨。邓小平指出，两国人民之间的友好是问题的关键所在。他指出：中日两国人民之间，没有什么根本的利害冲突；我们两国的政治家，只要能从政治的角度来考虑问题，那么发展中日友好的基础就是很深厚的。这样，中日两国人民之间，才能世世代代的友好下去！池田大作对邓小平的观点深表理解和赞同。

利用邓小平会见的机会，池田大作请邓小平转达他对周恩来总理的十分景仰之意和深切慰问之情，并探寻周恩来总理的病情。邓小平告诉池田大作，最近几个月周总理都住在医院里，病情比原先预料的要重一些。现在是让他尽量少参加活动，只有特别重要的问题才向他报告，在他健康状况好的时候才向他请示一些事情。池田再次请邓小平转达他对周恩来恢复健康的良好祝愿和衷心慰问。

是晚，池田大作举行告别答谢宴会，感谢中国方面负责人几天来的热情接待和悉心关照。

出乎预料，告别宴会后周恩来在医院要会见池田大作一行。晚上 9 点 50 分，池田大作一行乘坐的汽车开到 305 医院。

对这次历史性会见，池田大作后来在回忆文章中有翔实追忆："那是 1974 年 12 月 5 日晚上的事"，"到了简陋的建筑物，进了门，我仰慕已久的周总理已站着等我了。"当池田走近，"周总理立刻走过来，一边说'欢迎你来'，一边用劲握我的手。""周总理还说：'我一直想，一定要和池田先生见面。能遇到你很高兴。'"据池田大作记述：周恩来的"腰板挺得笔直，浓浓的眉毛说明他的意志坚强，他和人握手时的目光好像要射穿对方的心思，但却洋溢着一种柔和的光芒。"

在会见室入口处，周恩来和访华团一行拍了纪念照。

合影之后的会见，池田考虑到周恩来的健康状况，有意安排日方参加的只有他和他的夫人池田香峰子参加，中方陪同人员包括中日友好协会会长廖承志、中日友好协会秘书长孙平化和翻译林丽韫。

"你是第二次访华了。"落座之后，周恩来先这么说。接着，毫不隐讳地说到自己的病情："你第一次访华时，因为病重，未能与你会见；现在病情好转，见到你我很高兴。"池田大作说："我们在您养病的时候打扰您，感到非常过意不去。"但周恩来似乎对自己的病情并不在意，而是一下子把话题转到中日友好方面来。他说："已经见过了邓小平副总理了吧！"尽管他是详细了解了邓小平会见池田大作的情况，但还是用这句话挑明主题："池田会长一再提倡必须发展中日两国人民之间的友好关系，我对此感到很高兴。创价学会和公明党都为这一目标积极奔走，这符合我们的共同愿望，中日关系能发展到今天，是我们共同努力的结晶，希望我们双方还要继续努力下去。"

关于缔结中日和平友好条约，周恩来说，此事已载入1972年中日两国政府的联合声明中，这项工作目前正在准备之中，并表达了中方希望能尽快完成签订该条约的迫切愿望。

会见中，池田一再谈到，不仅为了中国，而且为了世界，希望周恩来"一定要多多保重身体"，"请周总理务必保重身体"，但周恩来并不把自己的身体置于谈话中心，他更多谈到的是关于中国和世界的状况和期望。会见中，周恩来还深情地谈到他青年时期留学日本的情景："我从日本回来已经55年了，是1919年樱花盛开的时候回来的。"池田大作说："在樱花盛开的时候，请您一定重来日本。"周恩来说:"是有这个愿望,但恐怕很难实现了。"①

会见进行到 30 多分钟的时候,周恩来医疗小组工作人员把一张纸条交给翻译林丽韫,纸条上写着"请总理赶快休息!"林丽韫将纸条悄悄地转交给总理,周恩来显然意识到纸条的用意,他没有看纸条,而是继续和池田大作会谈。

这次会谈给池田大作留下终生难忘的印象,他后来在《人民的总理,东方的伟丈夫》这篇纪念文章中写道:"通过实际接触,觉得他那爽直的性格给人极强的信赖感。他那洞察历史潮流的远见卓识;不论何时都尊崇毛泽东主席的姿态;谦虚以及无微不至的关怀他人都给我留下了强烈印象。"文章还写道:"在我脑海里形成的印象是:在当代世界的伟人中,周总理是以其博大精深的见识和力量而杰出于他人的。在和基辛格博士交谈时,我曾问他印象最深刻的人物是谁,博士举出周恩来总理、萨达特总统、戴高乐总统三人的名字来。他只高度评价了周总理端正的礼仪、伟大的容姿、非凡的智慧、缜密的思想,这和我的看法完全一致。"②

池田大作后来在和著名作家金庸谈话时明确表示:"我决心像周总理一生那样,在有生之年,全心全意为日中友好耕耘、播种,营造人才辈出的世纪平台。"③

池田是这样说,也是这样做的,而且做到了,做得很好。在会见周恩来的翌年,为了表达对周恩来的思念,创价大学首批中国留

① 转引自王永祥主编《周恩来与池田大作》,中央文献出版社,2001,第56页。
② 〔日〕纪念周恩来出版发行委员会编《日本人心目中的周恩来》,中央党校出版社,1991,第285页。
③ 〔日〕池田大作、〔中〕金庸:《和金庸的对话》,日本潮出版社,1998,第99页。

学生和日本留学生一起在校园栽下一棵樱花树，将它的名字命名为
"周樱"。再后来，池田大作还多次访华，曾 5 次拜访邓颖超。为
了感谢周恩来和邓颖超，池田大作又在校园种植了"周恩来邓颖
超夫妇樱"，象征中日友好之花岁岁年年在日本开放。

　　周恩来虽已离开他不懈奋斗的中日友好事业 38 年了，但池田
大作这位比周恩来小 30 多岁、现已届 86 岁高龄的耄耋老人，仍在
为中日友好继续奋斗着。研究历史，不是为了重复历史；追忆历史
人物，绝非要沿着历史人物的足迹再走一遍。然而，历史是一面镜
子。周恩来和池田大作为了中日友好事业所付出的艰辛的努力，使
中日人民友好交往日益深入和更加广泛，国家层面邦交关系正常发
展，真是互利互赢。可是，近年来日本政府的当家人却不断歪曲历
史、制造事端，又把中日关系推向低谷，难道他们不能从周恩来和
池田大作这两位伟大人物身上反思出几点启示吗？

1. 池田大作先生给房喻校长的信

尊敬的房喻校长先生，在座的各位先生、同学们：

今天，承蒙各位在百忙之中热烈欢迎我们创价学会青年部访华团，我表示由衷的感谢！

此时，我回想起三年前的 10 月，我在东京创价大学迎来了英明而又富有坚定信念的教育家房喻校长，我们的每一句谈话都萦绕在耳边。我与世界上很多大学总长、校长会谈过，而愿把自己的人生都奉献给教育事业、特别关爱青年的房校长，给我留下深刻印象，令人难以忘却。

我与周恩来总理在年龄上相差 30 岁，房校长与我的年龄相差也近 30 岁。房校长饱满的热情和丰富的知识，让我感受到如旭日东升般的中国教育界的希望。

房校长说："西安是中日两国人民交流的历史见证，在西安的晨钟暮鼓声中，似乎可以听到日本留学生的读书声。"

对我们来说，西安是绝不可能忘记的"文化大恩之古都"。

　　而就在西安，在牵引教育世界的陕西师范大学举办开创两国友好新时代的研讨会，我认为有着重要意义，也感到很光荣。对为此尽力的每一位，我致以诚挚的谢意。

　　应贵国的邀请，1974 年我和妻子第一次访问贵国，在此期间访问了西安，这次访华团中的很多成员当时尚未出生。在我首次访华之际，我对贵国的有关人员道明了自己的访华目的：第一，日中两国的友好将成为亚洲乃至全世界能否实现和平的关键，我希望能为两国友好事业做贡献；第二，希望扩大两国青年、学生之间的交流；第三，希望开辟超越政治、经济的永恒的文化创造的轨道。

　　自此 36 年来，我一直坚定不移地在为开创两国"友好和平"、"青年交流"、"文化创造"这条精神的丝绸之路而努力。

　　而这一切开始的原点正是西安。在西安的历史上，有着不可替代的指引人类走向未来的灯塔，有取之不尽的创造人类和平的智慧之光。西安，也是体现房喻校长所特别重视的具有"软实力"的地方。

　　今天，在我们向西安的历史学习的同时，我要简单地向肩负伟大使命的各位青年提出三条道路：

　　第一，知恩图报是和平之道。

　　历史学巨匠司马迁在当时的古都长安说："欢欣交通而天下治。"连接东西方丝绸之路的起点是西安，丝绸之路克服了人种、民族、文明、国境等差异，促进了彼此的交流。西安是一座面向世界开放的友谊之都、人类宝贵的和平之都。

　　今年将迎来迁都 1300 周年纪念的日本古都奈良，就是参照古长安建成的。那时，许多日本人不惜生命渡海向贵国学习，获得无尽的智慧。而日本军国主义却践踏蹂躏这样的文化大恩之国，犯下滔天大罪。

我们创价学会的首任会长牧口常三郎、继任会长户田城圣都曾正面反对军国主义的逆行,牧口先生甚至因此牺牲在监狱里。今天,我们自豪地继承和发扬牧口、户田两位会长的精神,发誓将诚实而勇敢地走在世世代代对贵国报恩的友好之路上。

第二,对青年而言,学习是希望之道。

人类社会以及文明,一旦终止了学习,马上就会开始衰退,这是深刻的历史经验。因此,在永不停滞、充满活力、不断学习的道路上,才能开创出新的创造价值之路。

自古以来,不知有多少青年满怀热血到西安探究真理。史书记载,两千多年前中国古代的官立学堂"太学"就是在西安建立的,可以说,西安是大学的根源。贵校陕西师范大学正继承和发扬着这种悠久的向学精神。

房喻校长曾指出,"大学文化应当是一种追求真理的文化,大学文化应当培养这种敢于追求真理并为真理献身的勇气、毅力和决心",对此我深表同感。作为贵大学的一员,我和我的妻子决心用毕生精力与年轻的各位一起,贯彻贵校"厚德、积学、励志、敦行"的校训。

第三,生命的互相磨砺是荣光之道。

大翻译家鸠摩罗什在西安翻译《法华经》,在这部人类智慧宝典的"提婆品"(长久以来一直秘藏在长安宫,直到梁代才被发现公布)中,特别阐述了"女人成佛"这一划时代的观点,它主张女性尊严和生命平等,它从长安向世界、向未来普照着博爱的光芒。

《法华经》有云:"如我等无异。"意思是说教师要努力把学生提高到与自己相同的境界。但是，权力的恶性是轻视青年、牺牲青年、利用青年。而人本教育的精髓是尊重青年、宁愿牺牲自己也要把学生培养成才。这就是创价教育的精神。

总之，生命塑造生命，孤立则会失去光彩。打开胸襟的对话会使我们相互得到启发。在尊重多样性文化和教育的不懈努力与交流下，一定会涌现出无尽的创造力。

25 年前，贵国青年联合会主席胡锦涛在东京对我说："为了中日美好的未来，我们将与创价学会青年部一起努力。"我们有理由相信，两国青年可贵的友谊将永不断灭。

我们把西安敬仰为"和平友好的源流"，在与大家一起珍惜这源流的同时，希望能够在这里为两国、为人类美好的未来，继续谱写出流芳百世的友谊与进步的历史篇章。

最后，我和我的妻子衷心祝愿我们"心灵的故乡"西安繁荣富强，祝愿房喻校长以及全体师大师生顺利、健康！谢谢！

日本创价学会名誉会长　池田大作

2010 年 8 月 27 日

池田大作先生所作汉诗：

古都厚德校文明，励志青年西北行。

遣使远源房杜世，苇航永喻友邦盟。

2. 池田大作中文译著及研究著作目录

各地出版的池田大作著作中译本

〔日〕池田大作：《我的履历书》，赵恩普、过放、赵诚译，吉林人民出版社，1984。

〔英〕汤因比、〔日〕池田大作：《展望二十一世纪：汤因比与池田大作对话录》，荀春生、朱继征、陈国樑译，国际文化出版公司，1985。

〔日〕池田大作：《青春寄语》，苏克新译，吉林人民出版社，1986。

〔日〕池田大作：《女性箴言》，仁章译，吉林人民出版社，1986。

〔英〕汤因比、〔日〕池田大作：《展望二十一世纪：汤因比与池田大作对谈集》，正因文化事业有限公司，1999。

〔日〕池田大作、〔美〕基辛格：《和平·人生与哲学：与基辛格的对谈》，卞立强译，中国国际广播出版社，1988

〔日〕池田大作：《池田大作选集》，卞立强选译，北京大学出版社，1988。

〔日〕池田大作、〔意大利〕奥锐里欧·贝恰::《二十一世纪的警钟》，中国国际广播出版社，1988。

〔日〕池田大作:《我的佛教观》，四川人民出版社，1989。

〔日〕池田大作:《我的中国观》，四川人民出版社，1990。

〔日〕池田大作、〔日〕井上靖:《四季雁书》，仁章译，吉林人民出版社，1990。

〔日〕池田大作:《我的人学》（上下），铭九、潘金生、庞春兰译，北京大学出版社，1990。

〔日〕池田大作、〔俄〕罗古诺夫:《第三条虹桥》，卞立强译，中国国际广播出版社，1990。

〔日〕池田大作、〔美〕威尔逊:《社会与宗教》，梁鸿飞、王建译，四川人民出版社，1991。

〔日〕池田大作、常书鸿:《敦煌的光彩：常书鸿、池田大作对谈录》，中国社会科学出版社，1991。

〔日〕池田大作: 《樱桃树》，牛津大学出版社香港分社，1992。

〔日〕池田大作: 《我的释尊观》，潘桂明译，四川人民出版社，1993。

〔日〕池田大作: 《我的天台观》，卞立强译，四川人民出版社，1993。

〔日〕池田大作〔美〕B. 威尔逊:《社会变迁下的宗教角色：池田大作与 B. 威尔逊对谈录》，梁鸿飞、王健译，三联书店（香港）有限公司，1995。

〔日〕池田大作:《池田大作文集：人生箴言》，卞立强译，中国文联出版社，1995。

〔日〕池田大作：《佛法·西与东》，王健译，四川人民出版社，1996。

〔日〕池田大作：《池田大作思想小品》，程郁、禾声编译，上海社会科学院出版社，1997。

〔日〕池田大作：《佛法与宇宙》，经济日报社，1997。

〔日〕池田大作、金庸：《探求一个灿烂的世纪》，孙立川译，明河出版社，1998。

〔日〕池田大作：《心灵四季》，吴锐钧、王云涛译，时事出版社，1998。

〔日〕池田大作、〔日〕松下幸之助：《人生问答》，卞立强译，中国文联出版社，2000。

〔日〕池田大作：《青春对话：与二十一世纪主人翁倾谈》，中国友谊出版公司，2000。

〔日〕池田大作：《我的天台观》，卞立强译，四川人民出版社，2001。

〔日〕池田大作：《我的释尊观》，卞立强译，四川人民出版社，2001。

〔日〕池田大作：《我的佛教观》，卞立强译，四川人民出版社，2001。

〔日〕池田大作：《续·我的佛教观》，卞立强译，四川人民出版社，2001。

〔日〕池田大作：《人生的坐标》，卞立强译，上海外语教育出版社，2002。

〔俄〕里哈诺夫、〔日〕池田大作：《孩子的世界》，中国文联出版社，2002。

〔日〕池田大作：《理解·友谊·和平：池田大作诗选》，文洁若译，作家出版社，2002。

〔日〕创价学会编《理解·友谊·和平：池田大作讲演随笔集》，北京大学日语系译，作家出版社，2002。

〔日〕池田大作著，何劲松编《池田大作集》，上海远东出版社，2003。

〔日〕池田大作、〔法〕路奈·尤伊古：《黑夜寻求黎明》，卞立强译，中国国际广播出版社，2003。

〔日〕池田大作、季羡林、蒋忠新：《畅谈东方智慧》，卞立强译，四川人民出版社，2004。

〔日〕池田大作：《新女性抄》，卞立强译，上海财经大学出版社，2004。

〔加〕勒内·西马、〔加〕盖·布尔若、〔日〕池田大作：《健康与人生：畅谈生老病死》，刘焜辉译，正因文化事业有限公司，2005。

〔俄〕戈尔巴乔夫、〔日〕池田大作：《20世纪的精神教训：戈尔巴乔夫与池田大作对话录》，孙立川译，社会科学文献出版社，2005。

〔俄〕戈巴契夫、〔日〕池田大作：《二十世纪的精神教训：戈巴契夫与池田大作对谈集》，陈鹏仁译，正因文化事业有限公司，2009。

〔日〕池田大作：《孩子们是未来的宝贝：教育箴言录》，卞立强译，中国文联出版社，2005。

〔印度〕钱德拉、〔日〕池田大作：《畅谈世界哲学：钱德拉与池田大作对谈录》，（香港）明报出版社有限公司，2005。

〔日〕池田大作、海瑟·亨德森：《珍爱地球：迈向光辉的女性世纪》，正因文化事业有限公司，2005。

〔美〕马吉特·德拉尼安、〔日〕池田大作：《21世纪的选择》，陈鹏仁译，正因文化事业有限公司，2006。

〔日〕池田大作：《青春岁月读书感悟》（上下），刘晓芳译，作家出版社，2006。

〔日〕池田大作：《我的世界交友录》（第1卷），卞立强译，湖南师范大学出版社，2006。

〔日〕池田香峰子：《香峰子抄》，作家出版社，2006。

〔美〕杜维明、〔日〕池田大作：《对话的文明：谈和平的希望哲学》，卞立强、张彩虹译，四川人民出版社，2007。

（美）杜维明、〔日〕池田大作：《对话的文明：谈希望和平的哲学》，陈鹏仁译，正因文化事业有限公司，2008。

〔英〕约瑟夫·罗特布拉特、〔日〕池田大作：《探索地球的和平》，陈鹏仁译，正因文化事业有限公司，2007。

〔美〕鲍（保）林、〔日〕池田大作：《生生不息为和平》，广西师范大学出版社，2007。

〔日〕池田大作：《谈幸福》，卞立强、张彩虹译，中国文联出版社，2007。

〔俄〕里哈诺夫、〔日〕池田大作：《给青少年的哲学》，刘焜辉译，正因文化事业有限公司，2008。

〔日〕池田大作：《365日给女性的赠言》，卞立强译，四川人民出版社，2008。

高占祥、〔日〕池田大作、陆贵山等：《文化先导力》，北京大学出版社，2008。

〔日〕池田大作、〔英〕罗特布拉特：《探索地球的和平：池田大作与罗特布拉特对谈集》，明报出版社有限公司，2008。

〔俄〕沙德维尼兹、〔日〕池田大作：《新人类新世界：畅谈教育与社会》，刘焜辉译，正因文化事业有限公司，2008。

〔日〕池田大作、饶宗颐、孙立川：《文化艺术之旅：鼎谈集》，天地图书有限公司，2009。

〔日〕池田大作、饶宗颐、孙立川：《文化艺术之旅：鼎谈集》，广西师范大学出版社，2009。

〔日〕池田大作：《我的世界交友录》（第2卷），卞立强译，湖南师范大学出版社，2009。

〔日〕池田大作：《我的中国观》，卞立强译，四川人民出版社，2009。

〔日〕池田大作、哈维·科克斯：《二十一世纪的和平与宗教》，刘焜辉译，正因文化事业有限公司，2009。

〔俄〕沙德维尼兹、〔日〕池田大作：《学是光：文明与教育的未来》，刘焜辉译，正因文化事业有限公司，2009。

〔日〕池田大作、亚尔曼：《今日的世界　明日的文明》，陈鹏仁译，正因文化事业有限公司，2009。

〔日〕池田大作、张镜湖：《教育与文化的王道》，刘焜辉、陈鹏仁译正因文化事业有限公司，2010。

〔印〕尼拉坎达·拉达克里希南、〔日〕池田大作：《迈向人道世纪：谈甘地与印度的哲学》，刘焜辉译，正因文化事业有限公司，2010。

〔日〕池田大作：《新妇女抄：在胸中回荡的话语》，卞立强、张彩虹译，中国文联出版社，2010。

〔日〕池田大作：《四季箴言》，卞立强译，四川人民出版社，2010。

〔日〕池田大作：《走在人生大道上：我的人生记录》第2卷，卞立强、张彩虹译，湖南师范大学出版社，2011。

〔日〕池田大作：《走在人生大道上：我的人生记录》第3卷，卞立强、张彩虹译，湖南师范大学出版社，2011。

〔日〕池田大作、〔巴西〕罗纳尔多·莫朗：《畅谈天文学与佛法》，陈鹏仁译，正因文化事业有限公司，2011。

〔阿根廷〕阿道弗·佩雷斯·埃斯基维尔、〔日〕池田大作：《人权世纪的建言："第三千年"的关键》，陈鹏仁译，正因文化事业有限公司，2011。

〔丹麦〕汉斯·亨宁森、〔日〕池田大作：《开创未来的教育圣夜：与丹麦教育家的友情对谈》，刘焜辉译，正因文化事业有限公司，2011。

高占祥、〔日〕池田大作：《联结地球的文化力：高占祥与池田大作对话录》，中国人民大学出版社，2011。

〔日〕池田大作、章开沅：《世纪的馈赠：章开沅与池田大作的对话》，湖北人民出版社，2011。

〔印尼〕A.瓦希德、〔日〕池田大作：《和平的哲学　宽容的智慧：伊斯兰教与佛教的对话》，陈鹏仁译，正因文化事业有限公司，2012。

〔乌〕兹古罗夫斯基、〔日〕池田大作：《和平世纪的教育曙光》，刘焜辉译，正因文化事业有限公司，2012。

〔日〕池田大作：《新·人间革命》（第20卷），日本创价学会编译，正因文化事业公司，2012。

〔日〕池田大作、〔美〕罗·马里诺夫：《哲学复兴的对话》，崔学森、朱俊华、姜明译，大连出版社，2013。

〔日〕池田大作、顾明远、高益民：《和平之桥：畅谈和平教育》，教育科学出版社，2014。

中国学界研究专著、译著、论文集

卞立强编译《日中恢复邦交秘话：池田大作与日中友好》，经济日报出版社，1998。

王永祥主编《周恩来和池田大作》，中央文献出版社，2002。

冉毅：《关爱人性善待生命：池田大作思想研究》，湖南师范大学出版社，2003。

蔡德麟：《东方智慧之光：池田大作研究论纲》，清华大学出版社，2003。

张可喜、贾蕙萱：《池田大作研究论文集》，香港社会科学出版社，2004。

冉毅：《人性革命：池田大作人学思想研究》，四川人民出版，2005。

王新生：《21世纪东方思想的展望：国际学术研讨会论文集》，北京大学出版社，2005。

陈锋、高桥强主编《中外学者论＜展望二十一世纪＞》，华中师范大学出版社，2006。

毕桂发：《周恩来、池田大作与中日友好》，中央文献出版社，2006。

〔日〕前原政之：《池田大作行动与轨迹》，崔学森译，香港天地图书有限公司，2006。

何劲松：《池田大作的佛学思想》，宗教文化出版，2006。

华中师范大学池田大作研究所、日本创价大学：《中外学者论池田大作：和谐社会与和谐世界》，华中师范大学出版社，2007。

曲庆彪等：《回归与超越：池田大作和平文化思想研究》，辽宁师范大学出版社，2007。

李庆：《池田大作传》，浙江人民出版社，2008。

唐凯麟、高桥强主编《多元文化与世界和谐——池田大作思想研究》，人民出版社，2008。

梁桂全、温宪元主编《和平·文化·教育：和平发展中的文化与教育学术研讨会论文集》，中国社会科学出版社，2008。

李锦坤、刘玉珊编《池田大作与中国》，中央文献出版社，2008。

李锦坤、刘玉珊编《池田大作与中国》，香港公开大学出版社，2009。

孙平化：《中日友好随想录》，辽宁人民出版社，2009。

高益民主编《和平与教育：池田大作思想研究》，教育科学出版社，2010。

王俊彦：《中日关系掘井人：记45位中日友好的先驱》，世界知识出版社，2010。

黄富峰：《池田大作教育伦理思想研究》，中国社会科学出版社，2010。

谭桂林：《池田大作与世界文学》，香港中文大学出版社，2010。

谭桂林：《池田大作与世界文学》，南京大学出版社，2011。

高岳仑主编《廖承志与池田大作》，中央文献出版社，2011。

史振中：《感悟生命：与池田大作的心灵对话》，辽宁师范大学出版社，2011。

曲庆彪、〔日〕寺西宏友：《与池田大作对话文明重生》，中国社会科学出版社，2011。

孔繁丰、纪亚光：《周恩来、邓颖超与池田大作》，南开大学出版社，2011。

曲庆彪、〔日〕寺西宏友主编《与池田大作对话人类发展》，中国社会科学出版社，2012。

王丽荣：《池田大作德育理论及其实践》，黑龙江教育出版社，2012。

梁桂全、曾峥主编《走向21世纪的生命尊严：2012池田大作思想研讨会文集》，中国社会科学出版社，2013。

陆建非、〔日〕寺西宏友主编《多元文化交融下的现代教育研究》，上海三联书店，2014。

（编者说明：本目录所选大多出自陕西师范大学池田大作池田香峰子研究中心资料室、图书馆所藏书籍，包括不同版本的相同书籍，其中可能挂一漏万，并不能囊括海内外已经出版的有关池田大作的全部中文译著及其研究论著。真心希望和海内外池田大作研究机构建立多方面的联系，获得更多的信息，以便使更多的学生了解池田大作其人思想，了解他对建立中日友好关系所做出的巨大贡献。感谢陕西师范大学历史文化学院2008级、2013级中外关系史方向研究生姜婷、周婷婷提供相关资料）

后　记

　　面对海内外池田大作·池田香峰子思想研究的专家学者，这份凝结着研究中心同仁心血，但仍显稚嫩肤浅的论文集展现在大家面前，我们诚惶诚恐，并期待着大家的批评指导。

　　在此，首先向陕西师范大学池田大作·池田香峰子研究中心成立六年以来，给予我们极大关心和支持的海内外朋友们致以崇高的敬意。我们要感谢日本创价学会及创价大学的各位先生。自2007年我校代表团首次成功实现对创价大学访问以来，双方来往频繁，2010年8月创价学会青年代表团与我校卓有成效地共同举办了学术研讨报告会，取得了令人瞩目的成果。创价学会赠送研究中心200余册有关池田大作先生的著作及其他研究书籍，成为研究中心乃至全校师生了解、学习池田大作思想的重要资源。创价大学原校长山本英夫教授、副校长寺内宏友教授，文学院的汪鸿祥、高桥强等先生，北京办事处的川上喜彦先生、上野理惠女士均对中心的研究工作提供支持、指导和鞭策；创价学会国际部的吉乡研滋室长，梶浦伸作先生，高于婷、丸山静女士，他们为双方的来往做了很多有益的事情；学会会员仓贯势津子小姐两次邮寄有关池田大作研究的书籍，伊藤顺子女士赠送剪辑的《圣教新闻》有关中国消息的报纸，藤田阳三先生将他多年收集的有关池田大作与周恩来总理会面的录像带以及一些书籍转送给我们。

我们还要感谢香港著名实业家田家炳先生，他将多年珍藏的十余部池田大作研究著作（有的还盖有他的私人印鉴）寄给我校外事处，并通过外事处转给研究中心。台湾创价学会 2012 年年末也派卢怡孝主任等三人来到我校，向校图书馆和池田大作·池田香峰子研究中心，分别赠送台湾正因书局出版的 30 册池田大作研究著作。除此之外，北京大学日本研究中心马红娟老师也转送他们出版的《日本学》集刊。这些研究资料的赠予和帮助，以及友好深情的学术召唤，无疑是雪中送炭，使得研究中心同仁投身到对池田大作先生及香峰子夫人思想的研究中去。

其次，感谢创价大学和海内外相关大学的池田大作研究机构的同仁，由于他们不懈的协作努力，每年均举办池田大作思想国际学术研讨会，使得我们能够通过不同的主题撰写相应的论文，并有机会在会议中宣读，切磋砥砺，互相学习提高，取得了一系列的成果。

再次，研究中心成立之后，我校前任校长房喻教授，以及张建祥副书记、萧正洪副校长、游旭群副校长、校长助理党怀兴教授都十分关心研究中心的工作，涉及研究的顶层设计及其具体规划。学校职能部门及相关院系，更是给予我们实质的支持和帮助，保证了研究的顺利展开。历史文化学院原院长贾二强教授，现任院长何志龙教授、曹伟副院长在研究中心成立伊始，不仅为研究中心办公场所、办公设备出钱出力，而且大力支持研究人员出席国际学术研讨会，使得研究有了一个很好的开端。文科基础教学部主任、著名党史及周恩来研究专家陈答才教授多方支持研究中心的工作，撰写了有关池田大作与周恩来的专题论文。社科处处长马瑞映教授也是出谋划策，协调分散各个院系的研究人员，对研究中心申报的科研项目多方支持，保证了研究工作持续有序进行。学校党委常委、校办卢胜利主任，外事处前任领导张建成教授，现任处长徐峰教授，也积极协调运作，保持与创价大学方面的各种联系，保证了两校之间往来的通畅，有利于各项交流的展开。正是在学校领导和各职能部门的亲切关怀和指导下，我们才能静下心来，并排除困难，从事相关的研究工作。当然，我们还要感谢研究中心副主任曹婷副教授，感谢为池田大作香峰子研究中心添砖加瓦的我的研究生马薇、徐凤仙、梁山、周婷婷等。

应当说明的是，研究中心现有的几位研究人员，他们此前的研究方向并非东亚思想史或者日本史，更不是专门的宗教学或近现代国际政治史方面的研究学者，每人都有自己的主攻研究方向，从事池田大作·池田香峰子思想研究也就是研究中心成立以后最近几年的事情，而作为学术研究，其先天不足也是显而易见的。同时，研究中心和国内其他大学的池田大作研究中心或者研究所也存在差距，即在研究内容和方向上存在差异，具体表现为我们不仅研究池田大作思想的各个层面，而且还对池田大作夫人池田香峰子涉及的儿童教育、婚姻家庭诸多问题进行研究，这从整个文集的题目设计和内容均可看出，但这无疑增加了研究的难度。因而尽管几年来我们付出了诸多心血和努力，但从论文的选题以及最终论文的完成，可能还有一些不能自圆其说的地方，有的结论看起来仍很肤浅，有的可能还有值得商榷之处，还需要花大气力深入扎实地继续研究，故而这本文集只是我们对池田大作池田香峰子思想研究的初步成果，也是研究展开的第一步，诚挚地希望学界师友方家多多批评！

陕西师范大学党委书记甘晖研究员题写了书名，为本书增彩，衷心感谢甘书记的支持！谢谢社会科学文献出版社的冯立君编辑，正是由于他的认真负责、努力工作，使本书不仅减少了一些不必要的错误，而且得以尽快出版。

不知不觉研究中心成立已经六个年头了。我们将继续努力，争取取得更大的成绩。

编者　谨记

2014 年 5 月 26 日

图书在版编目（CIP）数据

池田大作香峰子思想的新探索：和平对话、家庭教育与和谐幸福/萧正洪，拜根兴主编. —北京：社会科学文献出版社，2014.9

ISBN 978 - 7 - 5097 - 6247 - 9

Ⅰ.①池⋯　Ⅱ.①萧⋯　②拜⋯　Ⅲ.①池田大作 - 思想评论 - 文集 ②相峰子 - 思想评论 - 文集　Ⅳ.①K833.137 = 6

中国版本图书馆 CIP 数据核字（2014）第 154705 号

池田大作香峰子思想的新探索
——和平对话、家庭教育与和谐幸福

主　　编 / 萧正洪　拜根兴

出 版 人 / 谢寿光
出 版 者 / 社会科学文献出版社
地　　址 / 北京市西城区北三环中路甲 29 号院 3 号楼华龙大厦
邮政编码 / 100029

责任部门 / 全球与地区问题出版中心（010）59367004　　责任编辑 / 冯立君　刘俊艳
电子信箱 / bianyibu@ ssap. cn　　　　　　　　　　　　责任校对 / 刘宏桥
项目统筹 / 冯立君　董风云　　　　　　　　　　　　　责任印制 / 岳　阳
经　　销 / 社会科学文献出版社市场营销中心（010）59367081　59367089
读者服务 / 读者服务中心（010）59367028

印　　装 / 三河市尚艺印装有限公司
开　　本 / 787mm×1092mm　1/16　　　　　　　　印　　张 / 13.75
版　　次 / 2014 年 9 月第 1 版　　　　　　　　　　彩插印张 / 0.5
印　　次 / 2014 年 9 月第 1 次印刷　　　　　　　　字　　数 / 164 千字
书　　号 / ISBN 978 - 7 - 5097 - 6247 - 9
定　　价 / 79.00 元